PHILOLOGICAL MONOGRAPHS

PUBLISHED BY THE

AMERICAN PHILOLOGICAL ASSOCIATION

Number XII

EDITED BY
T. ROBERT S. BROUGHTON
BRYN MAWR COLLEGE

COMMITTEE ON THE PUBLICATION OF MONOGRAPHS

LILY ROSS TAYLOR, *Chairman*

HAROLD CHERNISS DOROTHY M. ROBATHAN
WARREN EVERETT BLAKE PHILIP W. HARSH

DUNCHAD
GLOSSAE IN MARTIANUM

EDITED BY

CORA E. LUTZ
WILSON COLLEGE

PUBLISHED BY THE AMERICAN PHILOLOGICAL ASSOCIATION

1944

TO BE ORDERED THROUGH THE AGENTS OF THE ASSOCIATION

LANCASTER PRESS, INC., LANCASTER, PA., U. S. A.
B. H. BLACKWELL, LTD., 50 BROAD ST., OXFORD, ENGLAND

The publication of this volume has been made possible by contributions received from the Charles J. Goodwin Fund of the American Philological Association.

TO

MY MOTHER

PREFACE

The present edition of Dunchad's *Glossae in Martianum* is a logical sequel to the edition of John the Scot's *Annotationes in Marcianum*. The two treatises appear to be related through a common ancestor, they shared the same fate of being quickly appropriated by a third commentator, and by a freak of chance both have survived in one and the same manuscript. The publication of these two texts is an indispensable prerequisite for a study of the great commentary of Remigius which must be made as soon as the manuscripts in the libraries of Europe have once more become accessible. The earlier commentaries raise questions which cannot be answered until the Remigius text is available; on the other hand, Remigius' scholarship could not be evaluated before the texts of his chief sources were published. Considered together, the three commentaries present a detailed picture of the ninth century interpretation of the seven liberal arts.

In the course of preparing this text for publication, I have enjoyed the encouragement and helpful criticism of Professor E. K. Rand. I am indebted to Professor E. T. Silk for many kindnesses, particularly for lending me photographs of *MS Paris Bibliothèque Nationale 12960*. Professor H. Caplan read my manuscript and was good enough to offer a number of suggestions. For several textual problems I have drawn upon the scholarship of Professor C. C. Coulter and Sergeant C. W. Barlow. The Sterling Memorial Library of Yale University has extended me every courtesy. Publication of the text has been generously undertaken by the American Philological Association, under the able direction of their editor, Professor T. R. S. Broughton. To all of these friends who have helped make this edition possible, I express my sincere appreciation.

CORA E. LUTZ

NEW HAVEN, CONNECTICUT
November 30, 1943

CONTENTS

Preface vii

List of Abbreviations x

I.   Introduction xi
     Content xiii
     Sources xxiii
     Style xxvi
     Description of the Manuscript xxvii
     The Present Edition xxix

II. Glossae in Martianum 1

III. Notes 51

IV. Appendix I 57

V.   Appendix II 60

VI. Index Nominum et Locorum 63

VII. Index Rerum 66

LIST OF ABBREVIATIONS

The names of journals and collections referred to in this volume have been abbreviated as follows:

CGL—Corpus Glossariorum Latinorum
HThR—Harvard Theological Review
PL—Migne, Patrologia Latina
PMAAR—Papers and Monographs of the American Academy in Rome
RLM—Rhetores Latini Minores (ed. Holm)
TAPhA—Transactions of the American Philological Association
ZCPh—Zeitschrift für Celtische Philologie

INTRODUCTION

Scholarly tradition attributes to Dunchad, the Irish bishop who once taught at the Monastery of Saint Remi at Rheims,[1] a fragmentary, anonymous commentary on Martianus Capella. All that remains of this treatise is found in a single manuscript,[2] *Bibliothèque Nationale, fonds lat. MS 12960*,[3] where it occupies one ternion.[4] This text is now published in its entirety for the first time.[5]

The inaccessibility of this work has resulted in a lacuna in the study of ninth century scholarship. Works on the Irish school at Laon, on the contributions of John the Scot to the knowledge of the seven liberal arts, and on the comprehensive commentary on Martianus Capella compiled by Remigius have of necessity been incomplete without this treatise.[6] A critical edition of Remigius, which has long been badly needed, was impossible before this text was available. A secondary service which this edition should fulfill is the very necessary one of correcting some of the fanciful notions

---

[1] A bibliography and summary of the literature on the question of the identity of Dunchad is given in the appendix of my edition of John the Scot's *Annotationes in Marcianum* (Cambridge, 1939) 229–231. At present the sum total of our knowledge of Dunchad is the information that is found on the superscription of a folio which was incorrectly inserted into a British Museum manuscript (*Reg. 15, A. XXXIII*). It reads:
>Commentum Duncaht Pontificis Hiberniensis quod contulit suis discipulis Monasterii Sancti Remigii docens super astrologia Capellae Varronis Martiani. (M. Esposito, *ZCPh* 7 [1909–10] 501 f.)

The manuscript to which the folio belongs has never been found.

[2] Two other manuscripts, *Paris 8786* and *Paris 14754*, which were believed to be copies of the same commentary (cf. M. Manitius, *Gesch. der lat. Lit. des Mittelalters*, 2.809) have the text of Remigius.

[3] The manuscript is described in *Annotationes*, xii. Since it is a product of Corbie, it is designated as *C*.

[4] Folios 25r–30v.

[5] In *Didaskaleion*, 1 (1912) 138–172, Manitius transcribed Book II and selected glosses from Books IV and V.

[6] Mediaevalists have for a long time expressed a need for the text. Manitius said, "Das Werk ist noch ungedruckt, die Veröffentlichung ist dringend notwendig" (*Gesch. der lat. Lit. des Mittelalters*, 1.526). Professor Rand writes: "Further the text of Dunchad, so far as we have it, should be presented in complete form. . . . The relation of this commentary to both John and Remigius can then be more exactly determined, with new light, perhaps, on Martin of Laon and new investigations, let up hope, of the commentators of the ninth century." ("How Much of the *Annotationes in Marcianum* is the work of John the Scot?" *TAPhA* 71 [1940] 522.)

which have been held about Dunchad [7] and about his commentary.[8] Although there is evidence of the continued use of the commentary in at least one glossary,[9] and as a source for interlinear glosses on some of the later manuscripts of Martianus Capella,[10] yet the period of its direct usefulness seems to have been relatively short. By the end of the ninth century, Remigius' enlarged commentary [11] which utilized the material in Dunchad and John the Scot had begun to usurp the place of both. It was through the medium of Remigius' commentary, which achieved great success and experienced a long period of popularity, that the ideas of Dunchad and John the Scot became known and disseminated. Hence the full extent of the influence of the text of Dunchad upon the thought and writings of later times will be understood only when the work of Remigius is published.[12]

[7] The completely objective manner of the commentary betrays no hint of the identity or the character of the writer, other than that he was a Christian and a scholar.

[8] It has, for instance, been considered a source for John the Scot's commentary, or at least as deriving from the same source as John's. A detailed comparison of the texts reveals most strikingly the great difference between the two. For the most part they glossed totally different sets of words. Dunchad's commentary is very much more inclusive as one can readily see from the fact that for two pages of text in Martianus, Dunchad glossed twenty-three lemmata, while John the Scot glossed only two. In the case of glosses on the same lemmata, usually the comments are quite different. Further, it is to be observed that Dunchad seems to have a different text of Martianus Capella from the one used by John. Examples to demonstrate this are given in Appendix I. However, it is very difficult to explain as coincidental the instances where the glosses are nearly identical. At all events, John the Scot could not have been using Dunchad as a source.

[9] In the *Scholica* of Martin of Laon, a pupil of John the Scot and a teacher of Remigius, there are two glosses which seem closely related to those in Dunchad (67,13 and 212,27). Cf. M. L. W. Laistner, "Notes on Greek from the Lectures of a Ninth Century Monastery Teacher," *Bulletin of the John Rylands Library* 7.428,19; 444,37.

[10] Cf. Appendices I and II.

[11] An examination of Book v of Remigius in *Paris 8674*, *Paris 8786*, and *Paris, nouv. acq. 340* reveals a wide use of Dunchad as well as of John the Scot.

[12] Then at least one important debt to Dunchad and John the Scot will be acknowledged when it will be recognized what a great impetus they furnished to the mediaeval practice of giving a cosmic and later a moral interpretation to the old pagan myths. In a modest way Fulgentius started for mediaeval writers the vogue of treating the old stories of the gods allegorically. Mythographus I, Isidore of Seville, Mythographus II, and Rhabanus Maurus treated the myths in much the same manner, but added almost nothing new to the allegorical interpretation. It was Dunchad (cf. 71,18; 74,13; 69,19; 74,12; 152,4; 79,10 etc.) along with John the Scot (cf. 5,14; 6,1; 7,15; 7,5; 8,4; 14,16; 33,14 etc.) who gave the gods and goddesses an elaborate symbolical significance. (There would probably have been many more instances in Dunchad if the glosses on the first and the entire second book were extant, since almost all of John the Scot's allegorical comments occur in these two books.) This practice had an enormous appeal for Remigius who greatly enlarged upon the explanations of his

INTRODUCTION   xiii

CONTENT

The commentary contains glosses on the last third of Book II, Book IV (*De Arte Dialectica*) entire, and approximately a third of Book V (*De Rhetorica*) of Martianus Capella. The complete treatise must have been of very impressive size for the commentator glossed his author in detail. In the second and fifth books, the glosses tend to be short, in the nature of identifications,[1] definitions,[2] synonyms,[3] and etymologies,[4] but the comments on dialectic are frequently discursive and informative. Although adequate material has been preserved to enable one to judge the author's knowledge only in the field of dialectic, yet there is sufficient information to allow one to draw some conclusions, however tenuous, concerning his understanding of several of the other arts.

In the field of grammar,[5] beside simple notes on syntax,[6] there are identifications of rhetorical figures. Instances of litotes,[7] hypallage,[8] and cata antiphrasin,[9] are pointed out and several examples of synecdoche [10] are given. Although the study of metrics was an important aspect of grammar, no mention is made of the meters

predecessors. With such a start, the movement continued through the works of Mythographus III, Guillaume de Conches, Alain de Lille, John of Salisbury, and Ridewall. The course of few intellectual movements can be seen more clearly than the process of transforming the virile pagan divinities first into allegorical interpretations of physical and moral phenomena and finally into full-fledged virtues and vices. For later mediaeval times, Liebeschütz has made an excellent study in the Introduction to his edition of Ridewall's *Fulgentius Metaforalis* (Leipzig, 1926), but a careful investigation of this tendency in the early Middle Ages remains to be made.

[1] Cf. 75,2 PIROIS id est Martis; 74,10 MEMPHIS pars Aegipti; 74,11 DITEM Plutonem.

[2] Cf. 71,15 PRESUL deus qui inferorum potestatem habet et superorum, quasi ostiarius.

[3] Cf. 73,21 PROBETUR laudetur; 73,18 TEMPERIEM serenitatem.

[4] Cf. 69,9 FAUNI a fando. There are relatively few Greek etymologies and they are often not original with the commentator. For instance, at 73,13, OLIMPUS quasi ololampos, id est totus ardens, which comes originally from Aristotle (*De mundo*, 6,20 [400a 7]) was borrowed from Servius (*Aen*. 4.268) or Isidore (*Etym*. 14.8.9). Dunchad (74,8) quotes Plato's etymology of Apollo from ἀπὸ τοῦ ἀποπάλλειν τὰς ἀκτῖνας which he found in Macrobius (*Sat*. 1.17.7).

[5] It is possible that the author did not gloss the *De Arte Grammatica* at all. In the manuscript the *explicit* of Book II appears in the middle of a column, followed by Deest totus liber de Grammatica and then immediately Incipit de Dialectica.

[6] Cf. 68,15 INTEMPERIAE pluralis numerus; 154,18 OBTUTUS visus, genitivus; 213,20 SOSANTIOS accusativus singularis.

[7] Cf. 67,15; 216,9.

[8] Cf. 76,4.

[9] Cf. 210,8.

[10] Cf. 165,6.

of the various poetic interludes.¹¹ Interpretation of the text—which is properly a function of the grammarian ¹²—is of necessity employed throughout the commentary. Sometimes the commentator rearranges a difficult portion of his author's text ¹³; again he simplifies an involved passage ¹⁴; occasionally he gives directions for construing the words ¹⁵; and not infrequently he identifies the speaker when there is a chance for misunderstanding.¹⁶ Most often, however, the commentator is interested in pointing out to the reader the use of symbolism and allegory in his author.¹⁷

In rhetorical theory, Martianus preserves the general outlines of the old classical tradition,¹⁸ although occasionally he deviates from the Ciceronian pattern. His commentator, in the course of his remarks upon the small part of the field covered by the glosses on the first part of the book,¹⁹ introduces no new development of theory.²⁰

Rhetorica herself, in her preamble ²¹ had opened again the perennial question as to whether she was an *ars*, *virtus*, or *disciplina*, and insisted that, Plato to the contrary notwithstanding, she was an *ars*. Dunchad glosses the passage with his version of Isidore's

---

[11] In only one case Dunchad identifies a meter (209,13). This is quite contrary to the practice of John the Scot who usually named and sometimes analyzed the meters.

[12] C. S. Baldwin (*Mediaeval Rhetoric and Poetic* [N. Y., 1928] 88, note 44) quotes Marius Victorinus' definition of *grammatica:* Scientia interpretandi poetas atque historicos et recte scribendi loquendique ratio. He notes instances of similar definitions in works of the late grammarians.

[13] Cf. 69,16 IAM SEDE CONCILIO IOVIS DIRECTA. Sic ordo: Consistet igitur diva mortalis virginis. . . .

[14] Cf. 69,14 INTER PRIORES Iuno hoc de se ipsa. . . .

[15] Cf. 186,16 ALTERUM NIHIL HORUM NECESSARIUM ESSE. Alterum bis accipe et sic iunge, alterum horum intellegimus necessarium esse, alterum nihil.

[16] In one such instance, he would seem to add to the confusion of the reader. Cf. 151,13 FAS EST id est licitum, scilicet tibi. Vox Apollinis seu Mercurii sive Minervae vel Martiani.

[17] Cf. 152,4 SERPENS Tria habet in manibus, serpentem in leva, hamum et formulas in dextra; per serpentem subtilitas conclusionis, per formulas simplicitas propositionis vel compositionis, per hamum capacitas assumptionis. Cf. 74,13 ADON solem significat. Venus quae illum dilexerat terrenam superficiem aestivo tempore omni genere florum pulchram atque honestam; aper qui Adonem interfecit hiemem significat.

[18] Cf. C. S. Baldwin, *op. cit.* 94–5.

[19] The comments from 222,19 to 232,1 which are copied from John the Scot's manuscript will, of course, not be considered.

[20] The glosses on both rhetoric and dialectic begin at the opening of these books in Martianus, yet there is no introductory statement defining the nature and function of these arts such as there is in John the Scot's commentary.

[21] Cf. 216,5.

differentiation of *ars* and *disciplina*,[22] leaving the impression that he agrees with Rhetorica.[23]

In the technical part of the discussion, Dunchad seems cautious in his comments; certainly he follows his author very closely. Martianus opens his treatment with a definition of the two types of debatable subjects, definite and indefinite (*quaestio finita* or *hypothesis* and *quaestio infinita* or *thesis*). According to Cicero only the *finitae quaestiones* belong to the province of rhetoric since they alone deal with particulars; the *infinitae* dealing with universals are placed in the field of dialectic.[24] Martianus recognizes the difference of opinion on this matter, but Dunchad makes no comment, though other glosses make it appear that he understands the nature of the two types of subject.[25]

Martianus does not discuss the *quaestiones infinitae* but proceeds to name and describe the five parts of rhetoric. Dunchad perhaps assumes that his author is sufficiently clear on this point and so devotes but one sentence to the whole subject.[26]

Again departing from Cicero who immediately begins his discussion of *inventio*, which involves the investigation of the nature of the case (*status*), Martianus follows later authors and divides all *quaestiones* into *status principales* and *status incidentes*, even stating his preference for the word *status* rather than the *constitutiones*[27] of Cicero's *De inventione*. The secondary *status incidentes* Dunchad explains *quae incidunt, id est dividunt causam*.[28] Later in the course of his glosses, he illustrates the phrase:

Ut lex vetabat te non ascendere murum, quando aliquis argutus homicidii reddit causas propter quas hominem trucidaverit, quae causae quaestiones incidentes dicuntur.[29]

Martianus' treatment of the *status principales* (*rationales* of Cicero) is quite conventional. They are divided into *status coniec-*

---

[22] Cf. *Etym.* 1.1.3. Isidore may have taken his information from Cassiodorus (*Inst.* 2.3,20 [Mynors, 130]).

[23] Victorinus also discusses the question. Cf. 1.1 (C. Halm, *RLM* 155-6).

[24] Cf. *De Inv.* 1.5-6. This distinction is, in general, followed in the later Latin tradition in contrast to Aristotle (*Rhet.* 1.1, 1355b). The *De Rhetorica* of Augustine (5) reviews the problem (C. Halm, *op. cit.* 140).

[25] Cf. 216,21; 217,2,5,7.
[26] Cf. 218,1.
[27] Cf. 218,11.
[28] Cf. 218,10.
[29] Cf. 223,2.

xvi   INTRODUCTION

turalis (*coniectura*), *status finitivus* (*finis*), *status generalis* (*qualitas*) according as the case has for its main issue fact (*an sit*), definition (*quid sit*), or policy (*quale sit*). Dunchad repeats Martianus' three types of cases in his very words, but he defines only issue of fact. In three instances he calls it *ambigua interrogatio iudicis*,[30] *ambigua interrogatio an sit necne*,[31] and *dubia interrogatio iudicis*,[32] all of which seem to lack the precision of a technical definition. The other two *status* are not defined.

The commentator adds nothing to Martianus' explanation of the legal processes of *intentio* and *depulsio* from which the issue emerges ready for classification.

Martianus varies the usual treatment of the three fields of oratory by naming the person before whom each type is properly employed. Dunchad combines Martianus' material with the conventional treatment in an accurate and complete statement.

TRIA GENERA CAUSARUM SUNT Primum est iudiciale cuius finis est iusticia vel iniusticia et cuius auditor proprie iudex vocatur; secundum deliberativum cuius finis est honestas vel utilitas vel eorum contraria inhonestas et inutilitas, cuius auditor proprie meruit vocari deliberator; tercium demonstrativum cuius finis honestas vel turpitudo et cuius auditor vocatur demonstrator vel laudator.[33]

Dunchad's knowledge of the rest of the subject-matter of rhetoric is revealed only incidentally and is of no significance. The examples he gives [34] are taken almost exclusively from Martianus, but are correctly used and show that he is familiar with the subject. On the whole, however, one is forced to express disappointment in the commentator's failure to offer any new contributions in the field of rhetoric.

Dialectica, in Martianus' allegory, asserts her superiority by claiming proudly [35] that the utterances of the other arts have to conform to the six norms which fall within her province.[36] Working upon this thesis, the author has placed the discourse of Dialectica

[30] Cf. 218,18.
[31] Cf. 219,11.
[32] Cf. 223,6.
[33] Cf. 220,16.
[34] Cf. 212,18; 223,16; 223,18.
[35] Cf. 155,11,12.
[36] Dialectica names as her sixth *norma*, *de dictione quae dicenda rhetoribus commodata est* (155,21; 156,1). Actually this *norma* is not discussed at all, nor is the fifth, *de iudicando*.

before that of Rhetorica, although other writers on the seven arts treat rhetoric before dialectic.[37] Most of the early encyclopedic writers make some comment upon the difference between the two arts. Isidore, however, oversimplifies the matter by merely giving the frequently quoted simile of Varro.[38] Keener minds than his, long before his time, had coped with the problem and reached the conclusion that there is a certain common ground which the two arts must share.[39] The comments of Dunchad on this introductory exposition show, on the whole, an intelligent comprehension of the text and of the symbolism, but any recognition of the controversial nature of Dialectica's claim is missing. More striking is the annotator's silence in the face of the enumeration of dialectic's six *normae; de loquendo, de eloquendo, de proloquendo, de proloquiorum summa, de iudicando, de dictione,* in view of Dunchad's own discussion of the *four* divisions of dialectic in a later section.[40]

After the preliminary survey of the whole field, Martianus expounds the norm, *de loquendo,* the process of naming the subjects and materials for discussion, following the lines of Porphyry's Εἰσαγωγή to Aristotle's *Categories.* In at least three extended comments on this section of his author, Dunchad takes the opportunity to introduce ideas not suggested by Martianus. For example, when he discusses the *genus* of *homo*,[41] he compares the grammatical *genus* with the dialectical. From this point of view he has a rather full explanation as to why the *genus* should be *animal* rather than *substantia*. His consideration of the nature of *accidens* leads him into an interesting inquiry concerning the *accidens* which is at the same time a *substantia*, as, for instance, one of the liberal arts. Where is it located before it occurs in a human being, and where does it go upon the death of the person? Dunchad's solution is the following:

Omnis igitur naturalis ars in humana posita et concreta est. Inde conficitur ut omnes homines habeant naturaliter naturales artes, sed quia poena peccati primi hominis in animabus hominum et in quandam profundam ignorantiam devolvuntur, nihil aliud agimus discendo nisi easdem

[37] Cf. Isidore and Cassiodorus.
[38] Cf. *Etym.* 2.23. Dialectica et Rhetorica est quod in manu hominis pugnus adstrictus et palma distensa: illa verba contrahens, ista distendens.
[39] Cf. W. S. Howell, *The Rhetoric of Alcuin and Charlemagne* (Princeton, 1941) 49–51, for a discussion of this question.
[40] Cf. 185,10.
[41] Cf. 158,9.

artes quae in profundo memoriae repositae sunt in praesentiam intellegentiae revocamus, et cum aliis occupamur curis, nihil aliud agimus artes neglegendo nisi ipsas artes iterum dimittimus ut redeant ad id a quo revocatae sunt. Cum ergo apparet rethorica in animo alicuius hominis, non aliunde venit nisi ab ipso, id est de profunditate ipsius memoriae, et ad nullum alium redit aliqua causa, id est aut morte aut alia qualibet re, nisi ad eandem eiusdem memoriae profunditatem.[42]

This idea is repeated in 168,11.

Also under the section devoted to *de loquendo*, Martianus treats the ten Aristotelian categories of the objects of thought. Dunchad introduces nothing new. At 169,25 he has a singularly awkward way of expressing the fact that a substance has no opposite. Under the subject of relatives, Martianus, following Aristotle[43] closely, had said, "The object of knowledge is in existence before knowledge itself, for if you remove the objects of knowledge, there will be no knowledge; if, however, you take away knowledge, the object of knowledge can exist, even if there is no one who knows it."[44] From this Dunchad concludes, "Antea sunt enim artes quam cognoscantur." He then cites the disagreement of Augustine with this theory:

Ille namque rem noscibilem illiusque notionem similiter in natura rerum oriri, similiter occidere confirmat. Quamvis enim desit qui rem noscibilem dinoscat, tamen cum ipsa re illa noscibilitas, id est noscendi possibilitas, innata est.

At the end of this section, Dunchad shows an erratic lapse. Following the arrangement of Aristotle's *Categories*, Martianus next treats *opposita*. Dunchad glosses DE OPPOSITIS id est periermeniis,[45] although the subject is not discussed in the *De Interpretatione*.

Martianus gives only a short summary of the norm *de proloquendo* which is a very condensed version of the first part of Aristotle's *De Interpretatione*. Dunchad adds no new idea. Martianus' norm *de proloquiorum summa* continues after the pattern of the *De Interpretatione* in classifying universal, definite, and particular affirmations and denials. At the beginning of this section, Dunchad has a paragraph devoted to an explanation of the fact that a knowledge of the five subjects treated in the Εἰσαγωγή as

---

[42] Cf. 160,1.
[43] Cf. *Categ.* 7b.
[44] Cf. 175,18-21.
[45] Cf. 180,3. Dunchad, along with other mediaeval writers, calls Περὶ Ἑρμηνείας *periermeniis*.

well as of the ten categories is essential in the formulation of syllogisms.[46] Dunchad confines himself to short glosses. He differentiates between *syllogismus* and συμπέρασμα (which he calls *symplerasma*).[47] He never uses the Latin term *ratiocinatio* as Martianus does, but keeps to *syllogismus*.

Considered as a whole, Dunchad's treatment of the subject of dialectic shows a more intelligent approach, a wider and more substantial background, and a more confident use of his knowledge than his discussion of the other arts of the *trivium*.

In view of the fact that Dunchad's books on the *quadrivium* are entirely lacking, one would expect to find little or no material relevant to those fields. Such is literally the case for the arts of geometry, arithmetic, and music, but fortunately not for astronomy. A good deal of information on cosmography is given incidentally in the course of the comments on Book II. Indeed, the length of some of the glosses on this material would lead one to conjecture that the subject was of more than ordinary interest to the commentator.[48]

From these fragmentary statements it would be impossible to try to reconstruct Dunchad's cosmological system, but one can distinguish at least the general outlines of his scheme. The solid firmament,[49] the sphere of the fixed stars,[50] the ecliptic,[51] and the Milky Way [52] are accepted in the usual Neoplatonic arrangement. The order of the planets is given as the earth, the moon, Mercury, Venus, the sun, Mars, Jupiter, Saturn.[53] No mention is made of the velocity of the planets, and the period of only one, Saturn, is given.[54] There is no discussion of the important problem of the movement

[46] Cf. 191,22. This is commonly called *isagoge*, *ysagoge* or *ysagogae* by Dunchad and others.

[47] Cf. 197,25.

[48] Attention has already been called to the fact that on the title page of a manuscript which may once have contained the whole commentary, there appears the superscription, . . . docens super astrologia Capellae Varronis Martiani. Cf. note 1 (p. xi).

[49] Cf. 76,22.

[50] Cf. 76,3.

[51] Cf. 77,17.

[52] Cf. 77,17.

[53] Cf. 73,22.

[54] Cf. 75,2. PRO CIRCI GRANDITATE quia in XXVIII annis ipsum percurrere perhibetur. Cf. 449,2 in Dick. Most Neoplatonic writers on astronomy give the period of Saturn as thirty years (cf. Isidor. *Etym.* 5.30.7), though Fulgentius (*Mit.* 1.18) gives it as twenty-eight.

of these planets. Although the commentator mentions the influence of the sun in making some of the planets stationary and some retrograde, he fails to differentiate between the inferior and the superior planets or to explain their apparent behavior.[55] The position of the revolving planets in relation to one another is responsible for celestial harmony.[56] The essential difference between heavenly and earthly music is accounted for.[57] The individual planets are unequally treated. The earth is the only one which is motionless and hence produces no note of music.[58] The two poles[59] and the axis[60] are mentioned but not explained. The moon is more fully considered. It has no light of its own,[61] is composed of the higher nature of water,[62] and is located immediately above the earth.[63] The phases are named and described,[64] and its period is given as less than thirty days.[65] The sun holds the central and dominating position in the array of planets.[66] In celestial harmony it completes the first tetrachord and effects the beginning of the second.[67] Its journey through the zodiac is noted,[68] as well as the fact that it is very hot when in Leo.[69] Of the nature of the planets nothing significant is stated; Jupiter is said to be more temperate than the others[70]; Mars is hot[71]; Saturn is damp.[72]

In none of these comments is there any indication that Dunchad was really competent in astronomy. His author had quite clearly described a geocentric universe in which Mercury and Venus were heliosatellitic,[73] yet there is no evidence to show that Dunchad

[55] Cf. 73,19.
[56] Cf. 73,22.
[57] Cf. 75,23.
[58] Cf. 70,8.
[59] Cf. 76,15.
[60] Cf. 76,16.
[61] Cf. 69,20.
[62] Cf. 69,20.
[63] Cf. 69,20.
[64] Cf. 70,9; 70,12.
[65] Cf. 165,6.
[66] Cf. 73,22.
[67] Cf. 73,22.
[68] Cf. 74,3.
[69] Cf. 73,3.
[70] Cf. 77,20.
[71] Cf. 75,10.
[72] Cf. 75,10.
[73] Cf. Dick, 449,26–451,3. Cf. J. L. E. Dreyer, *History of the Planetary Systems from Thales to Kepler* (Cambridge, 1906) 127–8.

even understood this theory, though one must be cautious in drawing conclusions from the limited material extant.[74]

If Dunchad contributes nothing new in astronomy, it may be because his interest lies rather in the astrological and numerological aspects of the art.[75] It happens that Martianus' second book is filled with allegory and symbolism and concerned with astrological ideas comparable to those in the so-called Hermetic writings. Consequently Dunchad quite naturally dwells on this aspect. One can detect his concern for symbolism in his extended interpretations of some of the cosmological myths. Salmoneus' torch is now the moon [76]; Adon is the sun which is slain in winter and mourned by Venus [77]; Attis is the sun which is the creator of all vegetation [78]; Serapis is Apollo.[79] A typical Neoplatonic line is followed in the interest shown in divination. Apollo is the head of the art [80]; he is called Phoebus because he reveals what is obscure.[81] The name

---

[74] If he had realized that in Martianus Capella's system, the sun, Mercury, and Venus would have the same period, he would not have been able to assign a tone in the scale to all three. Martianus understood this. Certainly the very simple explanation of celestial harmony does not take into consideration the problem created as soon as one posits epicycles for the planets Mercury and Venus. On this question, which was a pitfall for anyone devising an astronomical system, John the Scot has given a more specific exposition of his point of view. The problem has been ably presented by Dr. Erika von Erhardt-Siebold and Dr. Rudolf von Erhardt in *The Astronomy of Johannus Scotus Erigena* and *Cosmology in the Annotationes in Marcianum* (Baltimore, 1940).

[75] The fact that the superscription of the manuscript mentioned earlier reads *astrologia* may be purely accidental. The majority of the best manuscripts of Martianus Capella have *astrologia* for the heading of Book VIII (cf. Dick, 422, *app. crit.*), in spite of the fact that his treatment is almost completely devoid of anything approaching astrology (cf. L. Thorndike, *History of Magic and Experimental Science* (N. Y., 1929) 1.545). There is no question but that the difference between the two fields was understood. (The well-circulated *Etymologiae* of Isidore of Seville had a paragraph devoted to pointing out the distinction: 3.27.1,2.) It is true that in classical times *astrologia* was the common term to designate astronomy, but in Seneca, Petronius, Macrobius, and Augustine one finds the term replaced by *astronomia*, and *astrologia* left to designate astrology. Yet, actually, a great deal of confusion concerning the two words persisted. Professor Laistner cites instances which indicate that they seemed synonymous to Bede. He notes that Hyginus's work was generally known as *Liber astrologiae*, and that John the Scot was consistent in his use of *astrologia* to designate astronomy. (Cf. M. L. W. Laistner, "The Western Church and Astrology during the Early Middle Ages," *HThR* 34 (1941) 267.)

[76] Cf. 70,7.
[77] Cf. 74,13.
[78] Cf. 74,12.
[79] Cf. 74,9.
[80] Cf. 74,8.
[81] Cf. 74,8.

Pluto is derived from προϊδών because he is connected with the art of divination.[82] There appears to be only one remark to indicate belief in the influence of the planets upon human beings.[83] At least one passage is devoted to a mystic number.[84]

The metaphysical aspects of these astronomical phenomena are also considered. For instance, not only does the sun hold the central position among the planets, but everything in the universe is regulated and takes its life from the sun.[85] Far above the sun the faithful souls receive the reward for their good works[86] but the souls of the damned are carried in the course of Pyriphlegethon which flows close to the earth from the circle of Mars.[87] Also above the sun are the highest gods,[88] spirits, and angels.[89] There are grades of gods[90] and some do not even know the others.[91] In the outermost circle of the universe pure intellect is found.[92]

While one is always aware that these explanations are necessary for expounding his Neoplatonic author, and that Dunchad, in at least one instance, mentions that the *pagani* held these ideas,[93] yet for him there is an easy transition from Neoplatonic metaphysics to Christian theology.[94] Martianus' lemma *patris infinibilis* is glossed:

INFINIBILIS incomprehensibilis et infiniti, supra quem nihil, infra quem nihil, extra quem nihil, sub quo totum, in quo totum, cum quo totum est simul.[95]

---

[82] Cf. 69,5.
[83] Cf. 75,8.
[84] Cf. 74,16. Professor Rand discusses the passage and a corresponding one in John the Scot, together with the reworking of them both in Remigius, in his article, "How Much of the *Annotationes in Marcianum* is the Work of John the Scot?" (*TAPhA* 71 [1940] 509f.).
[85] Cf. 72,21.
[86] Cf. 73,2.
[87] Cf. 69,2.
[88] Cf. 72,19.
[89] Cf. 77,3; 68,16.
[90] Cf. 77,6.
[91] Cf. 76,19.
[92] Cf. 76,21.
[93] Cf. 69,2.
[94] The Christian point of view comes out in unexpected places. When he is giving an example of synecdoche, Dunchad says, "Sicut de Christo dicitur tribus diebus iacuisse in sepulchro" (165,6). In speaking of the rewards of the faithful souls, he says that they are rewarded for their good works (73,2). There are seven sailors on Philologia's craft "quia in initio creaturarum vii dies fuerunt" (73,2).
[95] Cf. 77,5.

INTRODUCTION   xxiii

Oddly enough the Neoplatonic trinity of gods is described as septem donis Spiritus Sancti illuminatos.[96] Yet the most unusual fusion of two philosophies occurs in a passage where Dunchad combines the doctrine of original sin with Plato's theory of recollection.[97]

SOURCES

It has been thought that both Dunchad and John the Scot made use of an older commentary now no longer extant.[1] There is more evidence to validate this theory in the work of John the Scot [2] than in Dunchad. There are, however, a number of passages in Dunchad which may best be explained by postulating an earlier commentary. One gloss, for example, which is approximately the same in both commentators appears, from its form, to have come from some kind of annotations. In Dunchad it reads:

SIGNUM id est corvum. Ἐκ ex, τοῦ Πέπλου peplo, Θεοφράστου Teofrasti,[3] sic vocatur ipse liber; τέχνην artem, λόγων verborum, Κόραξ proprium nomen, Συρακούσιος Siracusanus, εὕρατο invenit (214,2).

An irrelevant quotation of the last half of *Acts* 17.28 after a gloss on 159,21 may point to another commentary where there may have been some connecting sentence.[4] There are a number of roughly

[96] Cf. 77,6.
[97] Cf. 160,1.
[1] Cf. M. Manitius, *Gesch. der Lat. Lit. des Mittelalters*, 1.335.
[2] Cf. *Annotationes*, xxi.
[3] Cf. *Annotationes*, Appendix II.
[4] The gloss in Dunchad at 213,3 on ALIUM FABRILIS is not obviously relevant to the text of Martianus. One suspects that it is a condensed version of more than one original gloss, for it seems to represent a telescoping of two notes about persons who scorned wealth: Fabricius (cf. Horace, *Carm.* 1.12.40) and Crates according to the story of Remigius. Dunchad's gloss reads:

> id est Fabricii. Fabricii filius ob sapientiam exquirendam omnibus facultatibus abrenuntians magnam partem auri in fluvium quendam, ut sapientiae liberius vacasset, proiecit.

It is instructive to note that Remigius does not connect his corresponding remarks with FABRILIS, but with the sentence following. He says:

> Contempserant enim divitias amore philosophiae quia cupiditas multum obest studiis, unde et nonnulli amore philosophiae divitiis abrenuntiabant sicut legitur fecisse Crates philosophus qui magnum pondus auri quod vendito patrimonio adquisierat in mare proiecit dicens, 'Ite pessum malae cupiditates, ego vos demergam ne a vobis ipse demergar.'

Another example of what seems undue condensation of an original explanation occurs at 165,6, where Dunchad is illustrating synecdoche. He says:

> sicut de Christo dicitur tribus diebus iacuisse in sepulchro.

Rand (*Quellen und Untersuchungen*, 2.2.89) gives Remigius' treatment of the same

similar glosses from which one derives the impression that Dunchad and John the Scot may have been paraphrasing a common source.[5]

It is possible to discover Dunchad's acquaintance with material found in a variety of the encyclopedic writers of late antiquity, but the immediate source of his information is not so easy to detect. If the entire commentary were extant, so that there were more quotations or paraphrases from single authors, the search would be facilitated. As it is, one must avoid drawing conclusions from one or two examples. The fact that Dunchad prefers to paraphrase his borrowings further confounds his reader. One would expect, for instance, that the incidental facts which are given in Isidore as well as in earlier writers would have been taken directly from Isidore, but except in one case that is not true, and even there a question is raised.[6] One can be reasonably sure that he did have

example in the commentary on Boethius' *Opuscula Sacra:*
> S. 104,36 iacet tribus diebus ac noctibus in sepulchro (fol. 95v): A toto partem intellige. Non enim nisi una integra die iacuit in sepulchro. tres dies totidemque noctes sinedochios (sic) dicuntur.

Certainly Dunchad's gloss is too brief to convey this meaning.

[5] Cf. 75,18 D. DRACONIS FACIES pro ipsa ferocitate frigoris.
         J.S. DRACO propter ferocitatem hiemis.
     76,13 D. TEXTURAS commissuras.
         J.S. TEXTURAS commissuras absidarum dicit dum unaquaeque planeta in regionem alterius planete currit atque ideo mutant colores.
     77,21 D. LIMBIS orbibus.
         J.S. LIMBUS proprie dicitur orbis in quo capita deorum videntur compicta.
     79,22 D. PALPITARE deficere, quia non habeo unde amplius narrem.
         J.S. PALPITARE deficere.
     72,3   D. MENSIS CUIUSDAM MEMPHITICI id est Egiptiaci Gorpeios qui et signum, id est Scorpio, et mensis vocatur, id est September. (Cf. Beda, *De temporum ratione*, 14 (*PL* 90.355); G. Goetz, *CGL* 3.210,39).
         J.S. MENSIS CUIUSDAM Scorpeios ipse est Novembris quia tum est sol in Scorpione. (Cf. Serv. *Georg.* 1.35.)

[6] Because this situation is typical, an extended illustration is given. At 171,15 Dunchad reads, PALESTRA ἀπὸ τοῦ πάλλειν, id est a rustica luctacione. Isidore (*Etym.* 18.24) has Locus autem luctationis palaestra dicitur. Palaestram autem vel ἀπὸ τῆς πάλης, id est a luctatione, vel ἀπὸ τοῦ πάλλειν, id est a motu ruinae fortis, nominatam dicunt, scilicet quod in luctando, cum medios arripiant, fere quatiant; idque apud Graecos πάλλειν vocatur.

It might be natural to assume that Dunchad was using the Greek etymology from Isidore and adding *rustica* to the Latin derivation on his own initiative. However Isidore's source, Servius, uses the word *rustica:* Palaestra, rustica luctamina. Palaestra autem dicta est ἀπὸ τῆς πάλης, id est a luctatione vel ἀπὸ τοῦ πάλλειν, id est (a motu) urnae; nam ducti sorte luctantur (*Georg.* 2.531).

Other instances of this same thing occur at 216,6 where similar information is given in Cassiodorus, at 67,10 where Rhabanus Maurus and Servius might have been used, and at 212,27 where Rhabanus Maurus might have been used.

access to Servius and that he did make use of him for several etymologies and one myth.[7] The commentaries of Macrobius would appear to have been directly useful to the annotator. On one occasion he gives an almost literal quotation although he does not name his source.[8] In another case he condenses Macrobius' version of the Adonis myth.[9] Only once is there an acknowledgment of the source.[10]

Miscellaneous information is also taken from Virgil who is twice quoted.[11] An example of synecdoche is taken from the *Aeneid*,[12] but it was one which was used as a stock example by all the writers on grammar. One gloss appears to have been taken from Solinus.[13] Aulus Gellius supplies two notes, one an actual quotation properly attributed to him,[14] the other a paraphrase which may not have come from him directly.[15] It happens that three glosses contain material to be found in Rhabanus Maurus [16] and in other sources as well, so that Dunchad may not have used Rhabanus.

Information on mythological subjects was gathered from Servius,[17] from Fulgentius to a surprisingly small extent,[18] from Augustine,[19] and from Mythographus II.[20]

The sources for his astronomical glosses are Bede,[21] Macrobius,[22] and indirectly Pliny.[23] The Neoplatonic metaphysical extension of cosmology is founded on ideas in Augustine [24] and Macrobius.[25]

For the most part the glosses on rhetoric are taken from Martianus himself, since the commentator does not seem to have

---

[7] Cf. 73,13: cf. *Aen.* 4.268; 171,15: *Georg.* 2.531; 70,7: *Aen.* 6.585.
[8] Cf. 74,8: cf. *Sat.* 1.17.7.
[9] Cf. 74,13: cf. *Sat.* 1.21.3–6.
[10] Cf. 74,16: cf. *Comment. in Somn. Scip.* 2.3.3.
[11] Cf. 67,16: cf. *Aen.* 6.36; 67,18: cf. *Ecl.* 5.1.
[12] Cf. 165,6: cf. *Aen.* 1.114.
[13] Cf. 210,12: cf. *Collectanea* 9.6–7.
[14] Cf. 151,10: cf. *Noct. Att.* 6.14.10.
[15] Cf. 153,14: cf. *Noct. Att.* 16.11.
[16] Cf. 212,27: cf. *De universo* 16 (*PL* 111.414); 67,13: cf. *De universo* 15.3 (*PL* 111.420); 72,3: cf. *Liber de computo*, 32 (*PL* 107.684).
[17] Cf. 70,7: cf. *Aen.* 6.585.
[18] Cf. 74,12: cf. *Mit.* 3.5; 74,8: cf. *Mit.* 1.12.
[19] Cf. 74,12: cf. *De civ. Dei* 7.25.
[20] Cf. 67,13: cf. *Mythographus II*, 87.
[21] Cf. 72,3: cf. *De temp. rat.* 14 (*PL* 90.355).
[22] Cf. 74,16: cf. *Comment. in Somn. Scip.* 2.3.3.
[23] Martianus has so much from Pliny that the glosses are bound to be reminiscent.
[24] Cf. 160,1: cf. *De Trinitate*, 16.15.24 (*PL* 42.1011), *Retract.* 1.4.4 (*PL* 32.590); 1.8.2 (*PL* 32.594).
[25] Cf. 73,2: cf. *Comment. in Somn. Scip.* 1.11.11; 72,21: cf. *ibid.* 1.20.3.

consulted the obvious sources, Julius Victor and Alcuin. The few things he adds may have come from Isidore [26] and Cassiodorus.[27]

The subject-matter of dialectic seems to have been best assimilated in the mind of the annotator. Since he has made the information his own, he tends to use his own explanations rather than quotations from other sources. Although it has seemed impossible to name definite instances of borrowings from them, there is evidence of familiarity with the Εἰσαγωγή of Porphyry or perhaps Boethius' commentary on it, and with the material in Aristotle's *Categories* and *De Interpretatione*, probably through the medium of the Pseudo-Augustinian commentaries and Boethius' commentaries. The accounts in Isidore and Cassiodorus were too brief for Dunchad's use.

STYLE

The abbreviated style of the impersonal commentary is the rule; a lemma is followed by *scilicet, id est,* or *quasi* (in the order of frequency) [1] and a simple gloss, or alternate forms sometimes joined by *vel*. Only very rarely is there an instance of weaving several lemmata into a paragraph.[2] In the longer comments one can detect the work of a scholar with some feeling for style.[3] A number of instances show real skill on the part of the commentator in working his statement into a periodic sentence ending with the subject.[4] In these cases there is not only a pleasing smoothness to the sentence, but also very often a characteristic prose rhythm.[5]

[26] Cf. 216,6: cf. *Etym*. 1.1.3.
[27] Cf. 151,17: cf. *Inst*. 2.3 (Mynors, 121); 216,6: cf. *Inst*. 2.3 (Mynors, 130).

[1] Occasionally *hoc est*, which occurs frequently in John the Scot, is used. *Subauditur* appears about a dozen times, while it is very rarely used by John. On the other hand John uses *verbi gratia* which does not occur in Dunchad. *Eo quod* is found several times.

[2] This is the regular practice of Remigius. It is used generally, too, in the anonymous commentary on the *Consolatio Philosophiae* edited by E. T. Silk ("Saeculi noni auctoris in Boetii Consolationem Philosophiae commentarius," *PMAAR* 9 [1935]).

[3] In the Remigius commentary borrowings from the extant portion of Dunchad are so numerous that it would be safe to assume that, if the complete text of Dunchad was available to him, Remigius must have made ample use of all of it. Dunchad's individual style, then, may prove to be the key by which one may discover borrowings from his work in Remigius. Professor Rand has very convincingly employed the criterion of style in separating the full work of John the Scot from that of an excerpter in the commentary on Martianus Capella, and suggests that when the text of Remigius is available, the parts copied from the original work of John the Scot may be detected by an analysis of style. ("How Much of the *Annotationes in Marcianum* is the Work of John the Scot?," *TAPhA* 71 (1940) 501–523.)

[4] Cf. 73,2, . . . quia ibi recipiunt mercedem bonorum operum animae fideles.

[5] A favorite clausula appears to be ᴗ ᴗ ᴗ ᷿ ᴗ.

Another stylistic idiosyncrasy is that of separating the noun from its modifier.[6] A noticeable mannerism is the frequent use of *ipse* as a weak demonstrative pronoun.[7] The writer's use of the nominative case for a lemma in an oblique case is noteworthy.[8] For the most part the grammar does not depart from conventional usage.[9] A number of post-classical and ecclesiastical words [10] are evident in the vocabulary. A few words may have been coined by the commentator.[11] One finds an occasional peculiarity such as the use as synonyms of *accidens* and *accidentia* (feminine singular noun) in the same passage.[12] Greek is used sparingly, but, on the whole, intelligently.

Description of the Manuscript

Unlike the rest of the manuscript *C*,[1] the gathering (folios 25r–30v) which is filled with the text of Dunchad's commentary is written in two columns of forty-one lines each. The script is a small but distinct Corbie Caroline minuscule of the late ninth century. Fortunately the text is entirely legible throughout. The

---

[6] Cf. 160,19, multis convenit creaturis.

[7] Cf. 70,8.

[8] Cf. 71,7 M.C. duorum milium D. DUO MILIA fuerunt obsequentes; 71,18 M.C. pinacem D. PINAX est capsa organi; 74,13 M.C. arentis D. ARENS dicitur Libies; 70,11 M.C. felem D. FELIS id est damma vel simia. The converse practice, that of placing a lemma originally in the nominative case into another case, is also characteristic. Cf. 69,19; 70,7. Cf. Appendix I.

[9] One notes several instances of a *quod* clause in place of the normal indirect statement (69,2; 72,1; 168,18), one case of *sui* instead of a possessive adjective (161,11), and an ablative absolute construction in which the subject of the main verb is the same person as the relative pronoun in the absolute construction (74,9). However, Dunchad is very much more conventional in this matter than John the Scot.

[10] Cf. *pagani* (69,2); *peccatrices* (69,2); *auxiliatrix* (72,16); *locale* (73,22); *episcopi* (78,20); *hipographia* (151,17); *descriptionalis* (151,17); *seductrix* (153,17); *serpentinos* (154,8); *provocatricibus* (154,9); *indiscendis* (154,13); *exuberantiam* (155,3); *contrarietatem* (165,16); *diffamati* (215,19); *propalat* (217,6); *retialis* (70,8); *subiaceat* (166,2); *deceptuosa* (153,5); *finctionis* (69,2); *abrenuntians* (213,3); *peccatorum* (68,16); *resolutoriis* (168,4); *connaturalis* (202,18); *altercatim* (151,6); *noscibilitas* (175,18); *cottus* (164,7); *consequentia* (150,17); *concatenationem* (151,2); *pugnatricem* (155,14); *rationabiliter* (196,19); *negotiatoriam* (71,18); *quadrifariam* (70,12); *sonoritatem* (76,4); *circumdatio* (71,21); *vivificationis* (75,8); *meretricie* (80,9); and with new meanings *desideria carnalia* (68,9); *in hoc seculo* (69,2); *pallia* (78,20), and *stationaria* (73,19).

[11] Cf. *immutatoria* (168,18); *incensibilis* (212,16); *falsatrix* (209,20). *Guladius* (164,12) apparently is considered an original uncontracted form. Cf. Rhabanus Maurus, *De universo*, 20 (*PL* 111.536); Gladius proprie autem appellatur gladius quod gulam dividit.

[12] Cf. 160,19; 179,20.

[1] The one exception is a fragment of the *De divisione naturae* of John the Scot which follows (31r–38v); it is also written in two columns in similar hand.

few corrections and the rare marginal headings appear to have been made by the original scribe. The cursive title *Glossae in Martianum* is the work of a much later hand. Both *incipit* and *explicit* are lacking. The treatise begins abruptly at the top of folio 25r, column 1 with a lemma and gloss on 67,10 of Martianus Capella. Lemmata and glosses then follow in consecutive order as far as folio 26v, column 1, line 11, where the scribe has written in capitals, FINIT II LIBER DE NUPTIIS. Then in minuscules it continues, Deest totus liber de grammatica. It is taken up in capitals again, INCIPIT DE DIALECTICA. Book IV is glossed in its entirety. On folio 29r, column 2, line 31, there is written in capitals, FINIT . INCIPIT DE RETHORICA. Consecutive glosses follow to folio 30r, column 2, line 17, where, in capitals, the scribe has written, RETHORICAE LECTOR NOSCAS HIC Plurima desunt. From that point the text which follows immediately and continues to the end (bottom of folio 30v) consists of the exact text of John the Scot's commentary from 222,19 to 232,1.[2]

Abundant use is made of most of the abbreviations common to ninth century Continental scribes, as well as many arbitrary ones. A predilection for the unusual ꝗ for *quae*, and for f for *scilicet*[3] is constantly evident. Insular features appear, as for example, t for *vel*, h for *hoc*, m̊ for *modo*, tt for *enim*, qq for *quoque*, ⁊ for *et*, ·ɩ· for *id est*, and ɴ for *nisi*.

In general the scribe seems remarkably accurate and intelligent. The text, although dependent upon this one source, is nowhere corrupt, except for some Greek phrases. A few unmistakable

[2] In *Annotationes*, 230, I have remarked, "It is interesting to note that the copyist did not choose exactly the right place in John the Scot to begin his copy, for he overlaps what he has already done, to some extent. Dunchad had glossed as far as 224,16, while the borrowed glosses begin at 222,19, so that there are about twenty-five comments on material which had already been discussed." It is worthy of notice that the copy was not taken from the John the Scot commentary as it appears in *C*, but from its archetype. A collation of these two contemporary copies of the same manuscript is an eloquent testimonial to the superior merits of the Dunchad scribe in the matter of orthography, correct expansion of abbreviations, and general accuracy.

[3] Neither of these two symbols is used by the scribe of John the Scot's commentary. Actually there is a wide difference everywhere in the abbreviations used by the scribes. The *scilicet* symbol, Lindsay (*Notae Latinae*, 279) says, "is normally confined to interlinear or marginal glosses. Martin the Irishman, who was teacher at Laon, employs it in foll. 276–317 of Laon 444 (written 858–869)." Closely related, apparently, to the *scilicet* symbol, ſb for *subauditur* is used eleven times in Dunchad. It would seem that the similarity of these two symbols led to some confusion, for the Dunchad scribe has recorded as f what appears in the John the Scot manuscript as *id est* in one case (226,220) and as *subauditur* in another (228,3).

copyist's errors make it certain that this was not the original manuscript.[4] In only one or two places does one note the omission of a word, and that is usually a monosyllable. I find only one case of even a small repetition.[5] Infrequently there is an error in the case of double consonants.[6] One characteristic which may have been conditioned by the Martianus Capella manuscripts used is the pronounced tendency to deviate slightly from the regular line sequence of the text.[7]

The Present Edition

As a result of its good tradition, the text of the commentary has needed very little editing. As a rule, the original orthography is classical, but the few instances of common mediaevalisms, such as the omission of *h*, the use of a superfluous *h*, *i* for *y*, *y* for *i*, *f* for *ph*, *e* for *ae*, *ti* for *ci*, *ci* for *ti*, and assimilation and dissimilation in prefixes have been retained. Peculiarities of spelling which are not simple scribal errors [1] have been allowed to stand. Garbled words, often proper names, occurring in the lemmata, representing a corrupt text tradition of Martianus Capella which Dunchad was following, have been kept.[2] Greek words which have been adopted into Latin remain,[3] but several Greek words in recognizable quotations which have been distorted by the ignorance of the scribe have been restored.[4] One or two forms in strained Greek ety-

[4] Cf. *honesca* for *honesta* (71,15), *eructuabat* for *eructabat* (73,6), and *circo* for *circulo* (75,23). At 74,8 where Dunchad is quoting Macrobius (*Sat.* 1.17.7), the words *iactu radiorum* have been reproduced as *iactura radiorum*. Of course this typical scribal error may have been present in the Macrobius manuscript.

[5] After the gloss on 199,3, the scribe anticipated and copied the gloss for 199,7, then went back to a second gloss on 199,3, 199,5, then repeated the same gloss for 199,7.

[6] The scribe has written *oportuna* (70,11), but *rennueret* (215,21).

[7] Cf. page 80, where the glosses run 80, 6, 8, 10, 1, 2, 3, 4, 5, 6, 9, 11. There is a remarkably large number of similar cases.

[1] Cf. *calumpniante* (153,4), *dampnari* (69,2), and *simplerasma* (157, 5; 197, 25).

[2] Cf. *Cluen* (155,14), *Endelichiam* (78,17), *Archisilas* (78,19), *Scaurina* (217,7), *corcodrilli* (73,4), *vemendas* (209,2), *conibens* (73,8), *ammentatas* (217,6), *dissicaret* (80,2), *apotheos* (77,12), *excolicum* (151,2), *nepaa* (72,1).

[3] Cf. *agathos* for ἀγαθούς (68,11), *cacodemonas* for κακοὺς δαίμονας (68,12), *kyrriceo* for κηρυκείῳ (153, 7), *amphicirca* for ἀμφίκυρτος (70,12), *Gorpeios* for Γορπιαῖος (72,3), *mese* for μέση (73,22), *cata antiphrasin* for κατὰ ἀντίφρασιν (210,8), *periermeniis* for Περὶ Ἑρμηνείας (180,3), *nape* for νάπη (210,13), *kirios* for κύριος (71,18), *ololampos* for ὁλολαμπής (73,13).

[4] So *apotupalin* (171,15) was restored to ἀπὸ τοῦ πάλλειν; *syos bilin* (67,13) to σιὸς βουλή. Two other lemmata in faulty Greek, but passably translated, have been emended. They are: ΑΠΑΞ (ΑΔΠΑΞ) ΚΑΙ ΔΙΣ ΕΠΕΚΕΙΝΑ (ΕΠΕΧΙΝΑ) (77,8); and ΑΙΝΟΣ ΑΝΗΡ (ΑΝΔΗΡ) ΤΑ ΚΑΚΑ (ΚΑΚΗ) ΚΑΙ ΑΝΤΑΩΝ (ΑΝΑΤΑΩΝ)

mologies are given as they appear in the manuscript.⁵ The lemmata have been capitalized and located according to page and line in Dick's edition of Martianus Capella (Teubner, 1925).⁶ None of the slight differences between the part of the text transcribed by Manitius and the present edition have been noted except in the case of a few emendations which have been accepted. Discrepancies between the last section of the text which was taken from John the Scot and the complete text of John have been indicated.

ΣΤΡΑΤΙΩΤΑΣ (ΣΡΑΤΙΩ) (213,11). At 69.5 Προϊδών has been conjectured in place of the difficult *possidon*, in view of the fact that in later allegorical works Pluto is equated with Providentia. Cf. Liebeschütz, *Fulgentius Metaforalis*, 100. At 156,9, the meaningless *apotosia* has been rendered ὑπόστασις in the text.

⁵ Cf. *litos orges* (76,11) from parts of λύω and ἔργον; *loethos erge* (76,14) from λήθη and ἔργον; and NYCTHT and NYSTHT (74,16) from νοῦς.

⁶ When Dunchad has a lemma containing a word which does not occur in the text of Dick, the superfluous word with *deest Dick* is given in the apparatus. If a lemma given by Dunchad represents a reading rejected by Dick, attention has been called to it by the phrase *Cf. Dick app. crit.*

GLOSSAE IN MARTIANUM

[*fol. 25r. col. 1*]   **67,10** ALII QUOQUE HUIUS id est praedicti GENERIS, subauditur emitheorum.
67,12 AB EFFUSO id est multo.
67,13 SIBILLA mens divina; ERITHREA Eritrae filia; CUMANA a Cumis civitate; VEL FRIGIA id est Troiana.   SYBILLA dicitur quasi σιὸs βουλή,[1] id est mens dei.
67,15 NON NESCIS sed scis; litotes figura.   TROIANAM quae fuit in Troia.
67,16 SIMMACHIAM quam Virgilius dicit Deiphebam,[2] filiam Glauci.   ERITRA de matre vel insula.
67,18 AMPHIARAUS MOPSUSQUE pastores fuerunt quos nominat Virgilius.[3] Ipsi fuerunt dii divinationum.
67,19 HUC USQUE ad medietatem aëris.[4]
67,20 HEMITHEI dimidii dei.   HERAM id est terram dominam antiquam.
67,21 MANES ipsi dominantur corporibus hominum.
67,22 PRESULES principes.
68,1 MANAVERUNT fluxerunt ut homines generati sunt.
68,2 PLUTONIS Orci, dii infernalis.
68,3 HIC LUNA adverbium loci.
68,6 POST VITAM postquam nascuntur homines.   ISDEM CORPORIBUS etsi non ipsa corpora, fingunt tamen eandem corporum similitudinem.
68,7 LEMURES quasi Lares morantes in corporibus.
68,8 QUI scilicet Lemures.   SI VITAE PRIORIS id est ante mortem.   HONESTATE scilicet qua utuntur in corporibus.
68,9 LARES DOMORUM URBIUMQUE [5] subauditur post mortem

---

5 Cf. Isidor. *Etym.* 8.8.1; Mythograph. II 87; Rhaban. Maur. *De universo* 15.3 (Migne, *PL* 111.420); Serv. *Aen.* 3.445.
9 Cf. Virg. *Aen.* 6.36.
11 Cf. Virg. *Ecl.* 5.1.

---

6 syos bilin   9 Simmachiam *Manitius* Simmachiñ   13 huc *deest Dick*
15 antique   27 domorum urbiumque *Dick* d.u.q.u.

corporis. Duo genera sunt vitae, ante mortem et post mortem.
SI AUTEM DEPRAVANTUR id est ut consentiant desideriis carnalibus.[6]
68,10 LARVAE id est mali dii. MANIAE mali demones.
68,11 HIC id est in hoc loco. TAM BONI sicut Lares. QUAM TRUCES id est pessimi, crudeles, ut Larvae. QUOS AGATHOS[7] id est bonos.
68,12 ET CACODEMONAS[7] id est malos. GRAIA DISCRETIO Greca differencia. IN HIS id est a medio aëris.
68,13 SUBMANES id est sub Manibus positi. PRAESTITES quasi principes Manium.
68,14 MANTUONA eo quod in montibus sit. AQUILOS qui sub aquilonari parte habitant.
68,15 FURA FURINNAQUE deae furantium. INTEMPERIAE pluralis numerus.
68,16 TRIPTES[8] quasi trepidantes, vel trinam potestatem habentes in corporibus, in umbris, in spiritibus. INTEMPERIAE malam temperiem tribuentes hominibus. CIRCA IPSUM VERO TERRAE CIRCULUM AËR Ipse est infernus qui retinet animas peccatorum.[9]
68,17 EXHALATU id est vapore.
69,1 AESTU fervore. COLLIDENS discindens. HINCQUE id est hac de causa, vel ex illo loco.
69,2 PYRFLEGETONTA est igneus fluvius totum infernum ambiens de circulo Martis manans. Figurate significat turbidam corpulentamque huius infimam aëris naturam quae concreta est igne de superioribus tracto et aqua et aëre, in quo pagani[9] putant peccatrices[9] animas dampnari. Poete dicunt quod ex circulo Martis igneus Phlegeton progreditur, id est fluvius in quo terrentur animae malae viventes in hoc seculo.[9] SOLLERTIA sagacitas, studium. ADUMBRATIONIS finctionis.[9]
69,3 ALLUSIT finxit, docuit. ATQUE IN EO scilicet Pyrflegeton.
69,4 VEDIUS Orcus.
69,5 PLUTON quasi προϊδών[10] quod praesit arti divinationis. QUAM ubi, vel in illa parte.
69,6 INVIA inhabitabilis. REFERCIUNT replent.
69,7 LONGEVORUM longo tempore viventium.

---

4 larbae 6 larbae 7 bonas *corr.* 14 furonnaque *corr.* dea 15 numeros
27 et (*alterum*) *conieci* ex 34 προϊδών *conieci* possidon divinationi

69,8 PANES quia multi sunt. Pan enim omne dicitur.
69,9 FAUNI a fando. FONES a fontibus.
69,12 PRAESCIENDI divinandi. INCURSANDI id est adiuvandi.
69,13 PRESENTISSIMAM facillimam, id est dum vivunt.
69,14 INTER PRIORES Iuno hic de se ipsa tamquam de alia loquitur tali sensu: Ego quae potestatem habeo huius aëris huc usque, id est usque ad culmen arcis aëriae, et diva mortalium inter priores Genios, id est inter propinquiora numina, terris consisto, tua quae adhuc mortalis eras diva non eram; modo vero dum immortalis divaque facta es, ero tibi in divam aetheriam et immortalium potentem. Hic enim Iuno Aetheria vocor et Vesta et tibi praecipio.
69,16 IAM SEDE CONCILIO IOVIS DIRECTA Sic ordo: Consistet igitur diva mortalis virginis tua adhuc inter priores Genios; eccam, id est quam conspicis, me videlicet, Iuno seu Vesta. Martianus loquitur.
[*fol. 25r. col. 2*] **69,17** DEMUM ad ultimum. ACERRA incenso.
69,19 Per LECTICAM Phylologiae corpus omnium ratiotinantium significatur, quod quattuor elementis naturali iunctione componitur. Ideoque quasi sexibus duobus illa lectica portatur quia quattuor elementorum: duo, id est ignis et aër, quasi masculino sexui comparantur, agunt enim et numquam paciuntur; alia vero duo, id est terra et aqua, feminino, patiuntur enim et agunt.
69,20 SED POSTQUAM In hoc loco colligit et spatium primum a terra ad lunam et naturam lunaris corporis, id est quod ex superna aquarum natura est factum et quod eadem luna nil proprii luminis habet sed iaculis radiorum solarium illuminata revibrat.
70,1 LEVITATE id est aura.
70,2 AC TONUM id est spatium. PTONGIS sonis.
70,3 LUNAREM INGRESSA CIRCULUM Describit quae continentur in corpore lunari.
70,7 Per SISTRA NILIACA fontes omnium fluminum. Per ELEUSINAM aeternum splendorem. Salmoneus fuit rex Eleusinae civitatis qui fecit pontem aëreum volens imitari tonitruum Iovis et fulgora, nam faculam emittebat ad quemlibet sibi op-

---

36 Cf. Serv. *Aen.* 6.585.

---

28 habeat   35 Salmoneus *Manitius* Salmoneas

positum. Quo percusso a Iove facula illius ad caelum est translata, quae modo est luna.

70,3 NIDORIBUS odoribus.

70,4 GLOBOSUM rotundum.

70,5 TENERUM ex natura aquae et aëris.   LEVITATE subtilitate. COMPACTUM compositum.

70,6 ADIACULATI repercussi, id est immissi splendoris solis.

70,7 REVIBRARE splendere in eo.   SISTRA species est indumenti quae maxime circa Nilum sive Aegiptum invenitur.

70,8 Dicte, id est rete; DICTINNE retialis.[11] Ipsa est Diana a Dictinno oppido quia venatrix fuit.   ELEUSINAQUE musicam describit in luna.   CYBELEA [12] id est Veneris quia corpora a luna sumuntur per Venerem.   CYBELEA TIMPANA lunae deputantur quod cum omnia dicit corpora, maxime dum in motu sunt, musicam de se mittunt, sola vero terra, quae in statu est, nullum sonum de se reddit vel promit, proximo tamen sono, id est lunari, utitur.

70,9 TRIFORMIS est luna propter varietatem motus; prima forma cornicularis usque ad octavam cornua habens ad orientem; secunda ab octava usque ad xxii, in quo spatio iam plena est aut prope plena; tercia a praedicto termino usque ad novam, et est tunc etiam cornicularis, sed versis cornibus ad occasum.   Item TRIFORMIS dicitur luna cum aut cum sole est, aut ex latere solis, aut ex adverso solis.   Cum sole est cum in coitu est et nova est; cum de latere est, octaua est vel xxii et semiplena; cum ex adverso est, xv est et plena est; cornicularis, medialis, plena.   DISCOLOR quia ex illa parte qua accenditur lucet, ex altera pallescit.   VERTIGO motus conversio.

70,10 ASPERA quia acuta in cornibus.

70,11 AGESTIONIBUS mutacionibus ab his quae geruntur.   OPPORTUNA secundum opportunitatem temporis, vel moderata. FELIS id est damma vel simia.[13]

70,12 BIS BINAS   Conversio lunaris bis bina dicitur propter quadrifariam [14] mutacionem.   Primus enim motus est a nova usque ad octavam; secundus ab octava usque plenilunium, in qua mutacione amphicirca [15] vocatur; deinde a plenilunio usque ad xxii, in qua etiam simili modo amphicirca dicitur; hinc usque

---

12 Cybelei   13 Cybeles   14 mota *corr.*   30 geritur   31 oportuna oportunitatem

ad xxx cornicularis.   EXHINC MEDIO id est de medietate.
71,1 PERMEATO transcurso.
71,2 LAETABUNDUS similis laetanti.
71,4 PROMPTAE facillimae.   OPULENTA dives.
71,5 SALUTO tibi dicimus.
71,7 ASTRUIT docet.   DUO MILIA fuerunt obsequentes.
71,9 TITILLATA tacta.
71,11 PENATIBUS secretis locis.[16]
71,12 EDUCATA quia Facundia a Sapientia nutritur.   QUOD SIBI id est Facundiae.
71,13 ALUMNA nutrix.   PRAELATA preposita.   QUAE subauditur Philologiae.   ET SIBI id est Facundiae.
71,15 DECENS honesta.   PUDICISSIMA castissima.
71,16 CUSTOS cubicularia.
[fol. 25v. col. 1]   71,15 PRESUL deus qui inferorum potestatem habet et superorum, quasi ostiarius.
71,16 VERUM certe.   THEMIS obscuritas, caligo.   AUT ASTREA stellata.
71,17 AUT ERIGONE virgo, vel luctata.   CAELATAM sculptam.
71,18 PINAX est capsa organi in qua finguntur calami. Haec tabula sub figura artis negociatoriae describitur. Mercurius namque quasi mercatorum kirios,[17] id est dominus; Erigone autem custos domus Cilleniae ipsam artem negociatoriam[18] significat; quae habet formam et imaginem petasi, quia omnis negociator velocissime omnes terras et regiones amore pecuniae motu suo quasi quoddam volatile lustrat. Habet serpentes quia negociatorum lingua venenosa est ad fallendum. Habet virgam quasi ipsam artem quae primo introitu quasi pulchra videtur sed in processu vilescit. Quod per glauceum significatur colorem in fine ad mortem ducit. Per capream velocitas mercatorum significatur.
71,19 YBIS id est ciconia.   AB INCOLIS id est Aegiptiis.
71,20 PETASO talaribus.   VERTEX summitas.
71,21 QUOD scilicet petasum, vel os.   IMPLEXIO circumdatio.[19]
71,22 SUBTER subauditur illam tabulam, id est petasum, vel os. NITENS splendens.
71,23 GLAUCA viridis.   PICEUS nigerrimus.   SUB DEXTRO TEXTU id est ordine, compositione.

---

4 propmtae *corr.*   13 honesca   31 significatur *Remigius* signatur

72,1 DOMINITANS dominans. NEPAA[20] scorpio. DILOPHON ALITEM ubi iste dicit quod a leva fuisset caprea, dilophon dicit quod fuisset ales pugnans cum serpentibus.

72,2 OSCINUM MITIOR id est mitissima omnium avium ore canentium. TEMPTAMENTA impedimenta.

72,3 PULSABAT percutiebat ut certamen haberet cum serpente, quia lites per sermonem sedantur. NOMEN MENSIS CUIUSDAM MEMPHITICI id est Egiptiaci Gorpeios qui et signum, id est Scorpio, et mensis vocatur, id est September.[21]

72,4 CUM INGESTAM adductam.

72,6 ARGUMENTUM signum.

72,7 ATHLANTIDUM ipsa est Maia. CONGRESSU coitu.

72,8 PIGNORIS filii. CULMINE potestate. PROVECTA sublimata.

72,9 NEC IN NURUS id est Philologiae. BILANCE id est sine iusticiae mensura.

72,10 QUAM id est Maiam. VIRGO id est Phylologia.

72,11 CUM LUCRORUM id est cum ipso Mercurio. DICATIS sacrificatis.

72,14 ALLUBESCEBAT favebat; est enim dea nuptiarum.

72,15 ORATA deprecata.

72,16 ANTHIAS[22] dea auxiliatrix[23] virginum.

72,17 CAPILLITIO VULSA habens vulsum capillum, id est solutum. AMBIFARIUM quia binis partibus favet, superis et inferis. NITAL Quidam codices habent NITALE.[24] SED TUNC scilicet virgo pateretur. CONGRESSA complectens, scilicet eum.

72,19 SESCUPLO id est in duobus hemitoniis quae sunt a luna ad Mercurium et a Mercurio ad Venerem. Est comparatio ad tonum infra solem et hemitonium supra. Ibi sunt animae puriores supra solem et summi dii.

72,20 IBI QUANDAM NAVEM lunare corpus depingit.

72,21 MODERANTEM Omnia a sole moderantur et vitam accipiunt.

73,1 CONGESTIONE congregatione.

73,2 MERCIBUS quia ibi recipiunt mercedem bonorum operum animae fideles. SEPTEM GERMANI quia in initio creaturarum vii dies fuerunt.

---

9 Cf. Beda, *De temporum ratione* 14 (*PL* 90.355); *De divisione temporum* 23 (*PL* 90.662); Rhaban. Maur. *Liber de computo* 32 (*PL* 107.684).

73,3 CONSIMILES PRAESIDEBANT IN PRORA quia per xxiiii horas impletur dies.   FORMA LEONIS   In Leone enim multum fervet sol.
73,4 ARBORE id est malo.   CORCODRILLI pro hiemalibus signum.
73,5 FONS QUIDAM id est claritas solis.   ARCHANIS secretis.
73,6 FLUORIBUS madoribus.   FUNDEBATUR id est eructabat.
73,8 CONIBENS claudens quia reverberatur.
73,10 IGNOTI incomprehensibilis, quem nullus novit.   PATRIS id est Iovis.   PRIMA optima.   PROPAGO proles.
73,11 FOMES ignis.   SENSIFICUS sensum faciens.   MENTIS id est animae.   LUCIS id est vitae.
73,12 REGNUM NATURAE quia tu es rex unicuique.   DECUS plenitudo.   ASSERTIO DIVUM demonstratio qua intelleguntur omnes dii.
73,13 MUNDANUS id est mundi.
73,14 FAS EST concessum.   CUI id est tibi.   PATREM Iovem.
73,15 CIRCULUS ETHRAE quia omnes planetae sunt in aethere.
73,16 PARET obtemperat.   RAPTIBUS cursibus.   ORBIS planetarum circulus.
73,17 AMICAM placidam.
73,18 TEMPERIEM serenitatem.   COMPELLENS ATQUE COHERCENS id est movens in eundo, in morando.
73,19 DEUM pro deorum.
[*fol. 25v. col. 2*]   **73,13** OLIMPUS quasi Ololampos,[25] id est totus ardens.
73,19 CURSIBUS ADDIS id est facis ea retrograda et stationaria.[26]
73,20 HINC EST id est hac de causa.   IUS id est ratio.
73,21 PERFECTA id est quaternaria.   NUMERUS quaternarius.   PROBETUR laudetur.
73,22 NONNE HAC scilicet ratione, vel est adverbium locale,[26] id est ex illo quarto circulo, vel A PRINCIPIO, id est a chao, ut subaudiatur mundi, vel cum suo principio facit hoc.   GEMINUM et superum et inferum inter caelum et terram. Gemina sunt tetracorda, id est duo. Septenarius enim planetarum numerus duo tetracorda efficit. Prima corda lunaris circulus, secunda Mercurialis, tertia Venerialis, quarta solaris quae etiam finem

---

24 Cf. Serv. *Aen.* 4.268; Isidor. *Etym.* 14.8.9.

---

6 eructuabat   17 aethre (*alterum*)   36 Mercurialis *corr. ad* Venerialis

prioris tetracordi et initium sequentis obtinet, sicut mese in musica. Est igitur secundum tetracordum cuius quasi prima corda solaris circulus, secunda Martis, tercia Iovis, quarta Saturni.

74,2 POST PATREM id est Iovem. Ferunt phylosophi [27] de generali anima Iovis consilium nasci, id est Apollinem. Post Apollinem natus est Mercurius, quia post consilium fit sermo.

74,1 LATIUM Italia.

74,3 BIS SENIS propter xii signa dicit per quae sol discurrit.

74,4 MENSES in anno; HORAS in die.

74,5 QUATTUOR solis equi iiii elementa significant, id est ignem, aërem, terram, et aquam. ALIPEDES veloces equos. DICUNT scilicet phylosophi.

74,6 QUOD id est eo quod. SOLUS DOMITES id est gubernes. QUADRIGAM propter iiii tempora anni secundum numerum iiii elementorum.

74,7 CERULA nox.

74,8 Plato solem Apollona [28] appellatum vel cognominatum scribit ἀπὸ τοῦ ἀποπάλλειν τὰς ἀκτῖνας, id est a iactura radiorum. FUTURI quia Apollo praeest divinationibus futurorum. PHOEBUS interpretatur prodens occulta aut dissolvens nocturna amissa. Phoebus novus vel imberbis vel terribilis vel crinitus.

74,9 ISEUM [29] Serapin. Serapis rex Egiptiorum fuit, quo mortuo ac inter deos translato, Isis regina ei sepulchrum fecit, unde et Iseus ei adicitur. Ipse vero ab Egyptiis deus adoratur, sicque etiam Apollo nuncupatur.

74,10 MEMPHIS pars Aegipti.

74,11 DISSONA dissonant iam sacrificia. MITRA regina Egipti fuit. DITEM Plutonem. TYPHONEM Frater Osiris est Typhon.

74,12 ATTIS Graece flos dicitur, quem amavit Berecinthia, id est altitudo terrarum, atque ideo Attis in solis adoratur figura, quia omnium florum princeps est sol et quodam modo creator. Attin

---

18 Cf. Macrob. *Sat.* 1.17.7.
20 Cf. Fulgent. *Mit.* 1.12.
31 Cf. Fulgent. *Mit.* 3.5.

---

19 apollein iakantinac   31 Berecincthia

Porphirius[30] florem significare perhibuit.   ET PUER id est Triptolemus.   ALMUS sanctus ab alendo.
74,13 ARENS dicitur Libies propter ferventissimum ardorem quem sustinet.   BIBLIOS Egiptius vel Niliacus.   ADON solem significat. Venus quae illum dilexerat terrenam superficiem aestivo tempore omni genere florum pulchram atque honestam; aper qui Adonem interfecit hiemem significat. Adon igitur ab apro vulneratur, id est sole ab altissima parte signiferi descendente quasi in inferioribus signiferi partibus absorbetur; ibi celerrimum cursum super terras agit ut vix a nobis videatur. Sed dum sol hiemali tempore in austrinis partibus moratur, tunc tota terrae superficies pulchritudinem deponit et copiam fluminum gignit quasi Venere totam pulchritudinem et copiam lacrimarum fundente.
74,15 SALVE quia in te resplendet facies deorum et facies patris.
74,16 TRINA T ccc, H viii, T ccc. Macrobius[31] Apollinem NYCTHT vocat quasi principem et ducem orbium ceterorum, quia NYSTHT princeps vel dux mentis dicitur.
74,18 AETHERIOS ultra firmamentum.   MENTIS qui in mente sunt et ratione utuntur.
74,19 NOSCERE CAELUM id est ut ego dea dicar.
75,1 HIS scilicet precibus.   EXAUDITA Philologia ab Apolline. PERMEARE transire.   VERUM pro sed.   HEMITONIO id est a sole usque ad Martem.
75,2 PIROIS id est Martis.   IN QUO scilicet circulo.
75,3 MAXIMUS id est Mars.
75,4 PYRFLEGETON igneus vel sulphureus.   DEMEARE descendere.   QUO id est hemitonio Martis.
75,5 INTERIECTA scilicet spatia.
[*fol. 26r. col. 1*]   **75,7** CUIUS scilicet Iovis.   PTONGIO integro sono.   ILLIC id est in Iovis circulo.
75,8 TEMPERAMENTI vivificationis.[32] Omne temperamentum, ut dicunt phylosophi,[33] a Iove descendit.   EFFULGENTIA id est lux.
75,9 VIBRATA radiata.
75,10 EX CALIDIS id est ex parte Martis.   HUMIDISQUE id est ex parte Saturni.

---

1 Cf. Augustin. *De civ. dei* 7.25; Fulgent. *Mit.* 3.5.
4 Cf. Macrob. *Sat.* 1, 21.3–6.
16 Cf. Macrob. *Comment. in Somn. Scip.* 2.3.3.

75,13 CAELITEM id est ad intellectuale caelum.
75,14 HINC id est ex hoc loco. CIRCUM scilicet Iovialem. INTERIECTIONE spatio vel tono.
75,15 RIGIDISSIMUM asperrimum, id est Saturnum.
75,16 ALGIDO frigido. HERENTEM fixum, quia longe est a sole. CONSPICATA EST id est vidit.
75,17 MELO DORIO id est modulatione Dorica, id est acuto sono.
75,18 PRAESULI id est Saturno. DRACONIS FACIES pro ipsa ferocitate frigoris.
75,20 EXITIALIS periculosus.
75,21 PRO CIRCI GRANDITATE quia in xxviii annis[34] ipsum percurrere perhibetur.
75,22 ARPIS id est sonitibus. BOMBIS clamoribus.
75,23 CONGRESSIONE conscensione. In hoc differt musica caelestis a terrestri quia in quantum sunt breviores fistulae sive cordae in terrestri, tantum acutiorem sonitum reddunt, et quantum sunt longiores, tantum graviorem. In caelesti vero musica quantum sunt angustiores circuli planetarum, tantum sunt e contra graviores, ut est in circulo Lunae; quantum autem longiores vel vastiores, tanto acutiores, ut in circulo Saturni. INDE id est ex circulo Saturni.
76,1 EVEHUNTUR scilicet Phylologia cum pedissequis.
76,2 SPERAE circuitus. GLOBUM rotunditatem. LAQUEATUM ornatum.
76,3 AMBITUM quia ibi sunt omnes stellae fixae. SICQUE SEX TONORUM, id est a luna usque ad firmamentum.
76,4 DEFECTA LASSITUDINE hypallage. DIAPASON SYMPHONIAM id est duplae proportionis sonoritatem.[35]
76,5 EMENSI FUERANT id est mensuraverant.
76,8 DESILIENS descendens. IMMENSOS id est magnos.
76,9 CAMPOS id est spatia. AETHERIAE caelestis. VERNA amoena loca.
76,10 DECANORUM principum.
76,11 TUNC id est cumque. LYTURGOS[36] terrenarum, id est carnalium, operationum solutores; dictos liturgos quasi litos orges, id est solutores laboris, unde liturgi dicuntur, id est omni actu soluti.
76,12 CREBRORUM assiduorum, quia ibi sunt omnes stellae fixae.

---

18 circulo *Manitius* circo

76,13 TEXTURAS commissuras.
76,14 AMBITUM COHERCET firmamentum circumdat et colligit intra se. SPERAM quicquid extra firmamentum est extra corpus est.
76,11 Loethos oblivio interpretatur, erge opus; LYTURGI [36] sunt qui oblivionem dant animabus a corpore exeuntibus.
76,15 POLOS ET AXEM id est Arcticum et Antarcticum.
76,16 VIBRATUM splendidus. ATQUE subauditur cum conspiceret. AB IPSO scilicet loco. Axis vacuitas est inter Arcticum et Antarcticum.
76,19 SECESSISSE Non enim omnibus diis noticia unius dei plene patuit, attestantibus phylosophis, quoniam summum deum multi etiam deorum ignorant.
76,21 ENPYRIO sine igne, inignito, id est extra ignitum caelum perrexit ubi nulla sunt corpora neque imagines corporum sed intellectuales.
76,22 EXTIMI AMBITUS extremi circuitus. MURUM soliditatem firmamenti dicit. ANNIXA inclinata.
76,23 COARTATA collecta.
76,24 VOCE MENTIS id est sensu, illa est vox interior.
77,1 DISSONAS discrepantes.
77,2 IUGATIS iunctis. ALTERNATIS diversis, non in eisdem sillabis. INSPIRATA spiritu prolata ipsa vocabula.
77,3 INTELLECTUALIS id est ubi non sunt corpora sed spiritus et angeli.
77,4 SENSIBILIS corporalis. SPERAE mundi. POTESTATIBUS diis qui sunt intra firmamentum, id est insensibilem mundum. UNIVERSUMQUE TOTUM id est totam universitatem.
77,5 INFINIBILIS incomprehensibilis et infiniti, supra quem nihil, infra quem nihil, extra quem nihil; sub quo totum, in quo totum, cum quo totum est simul. COERCITUM id est circumdatum illud totum.
77,6 TRIS DEOS superos, medios, inferos. SEPTIMO RADIATOS id est septies, septem donis Spiritus Sancti illuminatos.
77,8 ΑΠΑΞ id est quae semel, ET ΔΙΣ id est et bis, ΕΠΕΚΕΙΝΑ [37] id est praestantia, subauditur sunt.
77,10 HIS scilicet precibus. FLOREM [*fol. 26r. col. 2*] IGNIS lucem unde ignis floret.

---

35 ΑΛΠΑΞ ΕΠΕΧΙΝΑ

77,11 VERITATEM id est deam, nomina potestatum intellectualium.
77,12 SECERNERE nominatim distinguere. APOTHEOS[38] deos consecrationum. MERUISSE pro meruerant.
77,13 CANDORES LACTEI FLUMINIS quod est in firmamento. TRACTU longo ductu.
77,14 GRATES TESTATA id est gratias agens.
77,15 IN GALACTIUM scilicet circulum. DEUM pro deorum.
77, 16 IBI id est in Galactio circulo.
77,17 MUNDANUM caelestem. AMBITUM circuitum. Iovialem enim circulum lacteus tangit, lacteum signifer in Geminis et in Cancro ⟨et in⟩ Sagittario.[39]
77,18 NOVITATE SITUS id est magnitudine positionis.
77,19 DECUSARET ornaret, in Geminis videlicet et Capricorno[40] ubi eum tangit.
77,20 RENIDEBAT scilicet domus Iovialis. UT ARGENTI Sicut argentum temperatius est omnibus metallis, ita et stella Iovis omnibus sideribus temperatior dicitur esse.
77,21 SEPTA muri candidi. SECTATUM ductum, caelatum ambitum. LIMBIS orbibus.
77,22 NIVALIBUS candidis.
77,23 IN SUGGESTU sede. SUBSELLIIS circulis. LACTEIS candidis.
78,1 SPONSALES PRAESTOLATUR scilicet Mercurii et Phylologiae.
78,2 DISSONIS variis. MELA DULCIA modulationes suaves.
78,3 PERCEPIT audivit. PRIORI LOCO ad priorem locum circa se.
78,4 LIBER pater. DELIUS id est Apollo.
78,5 UTERQUE CASTORUM id est Gemini. GRADIVUS Mars.
78,7 PRAESIDES id est dii.
78,8 PULCHERRIMA venerabilis.
78,9 VETERUM id est antiquorum.
78,10 LINUM HOMERUM[41] ipsum poetam. MANTUANUMQUE id est Virgilium poetam.
78,11 REDIMITOS ornatos. 'CONSPICERES scilicet si adesses.
78,12 ORPHEUM ATQUE ARISTOXENUM Isti sunt citharistae. FIDIBUS cordis. PLATONEM ARCHIMEDENQUE Isti fuerunt astrologi[42]; disputaverunt enim de cursibus vii planetarum.

---

11 signifer *Manitius* signiferum   14 hornaret *corr.*

78,13 SPERAS AUREAS circulos rutilantes.   ARDEBAT splendebat.
78,14 HERACLITUS, UDUS THALES   Isti de ignea vi disputaverunt.[43]   DEMOCRITUS qui de re invisibili, hoc est de athomis, scripsit quomodo iste mundus de athomis venit.
78,15 SAMIUS Beneventanus [44] aritmeticus, qui de arithmetica disputavit.
78,16 ARISTOTELES musicus.[45]
78,17 ENDELICHIAM summam partem animae.[46]   SCRUPULOSIUS subtilius.   EPICURUS disputator amorum.[47]
78,18 VIOLIS ROSAS id est amores cum castitate.
78,19 ZENO magister Stoicorum qui de nuptiis scripsit.[47]   PROVIDENTEM prudentem.   ARCHISILAS qui de avibus disputavit.[47]
78,20 PALLIATORUM philosophorum, sicut episcopi [48] habent sua pallia.[48]
78,21 DISSONABAT sicut fuit unicuique suum studium.
78,23 PERSTREPERENT sonarent.   RABULATU sonitu rabido et cum intentione.
78,26 PROPTER iuxta.   PALLADE Minerva.
79,1 INTERIECTU id est spatio.
79,2 AMBITA circumdata.   MATRE id est Fronesi.   PRAEAMBULA praevia.   CORROGATUR convocatur.
79,3 QUA scilicet Philologia.   VESTAE igni.   PEDISSEQUAE comiti.
79,4 OLACEM olentem.   AROMATIS aromatibus.
79,5 CAELICOLUM pro caelicolarum.   PORTIONES scilicet odoris.
79,6 HALATIBUS id est odoribus.
79,7 CONFINIO lateri, vicinitati.
79,10 MATER Fronesis. Pallas in significatione summae sapientiae quae incorruptibilis et incomprehensibilis est ponitur. Phylologia vero inferior intelligentia per quam intellegimus res visibiles et invisibiles significatur.   Quae tunc Mercurio copulatur quando sermone comprehenditur.   Igitur Mercurio copulata Pallas ⟨non⟩ est quia inferior sapientia cum sermone comprehenditur; a summa sapientia, quae incomprehensibilis est, removetur.
79,8 COMPEXERAT vel CONSPEXERAT.
79,11 DESPONSALIUM dotalium.

---

34 non *conieci*

79,12 DOS a dando.
79,13 TUNCQUE scilicet poscit.   AC scilicet ut.   PAPIAM POP-PEAMQUE id est publicam legem.   Poppaeus et Papius scriptores de nuptiis.
79,14 RECITARI rememorari.   CUIUS scilicet Fronesis.   IUSTISSIME aptissime.
79,15 CAELITUM deorum.   OFFERENDA dotalia.
79,16 PROBARENTUR examinarentur.   HIC PHOEBUS in articulo temporis.   FRATRIS id est Cyllenii.
79,17 DETRACTANS id est spernens.   AC SINGULAS scilicet dotales.   EX FAMULITIO id est ex servitio.   DILECTU dilectione.
79,18 QUAE scilicet dotales.
79,20 TRANSCURSA scilicet est O LECTOR.   EX PARTE non per totum tamen.
79,21 QUAE scilicet fabula.   MOROSIS longis.   DUCTIBUS id est ambagibus.
[*fol. 26v. col. 1.*]   **79,22** PALPITARE deficere, quia non habeo unde amplius narrem.
79,23 COEGIT impulit.   INSTANS imminens.   INNITENS apparens, lucens.   CREPUSCULUM dubia lux.
79,25 AC NI id est nisi cogeret.
80,6 ARTES SEQUENTES ASSERENT affirmabunt, docebunt finitas esse fabulas.
80,8 ANNOTABUNT scribent.   SOBRIAS stabiles sine falso.
80,10 HABES QUID scilicet narrare de vii disciplinis.   INSTET immineat.   CAELITUM deorum.
80,1 AURORA prima illuminatio.   CONVENUSTANS condecorans.
80,2 DISSICARET penetraret.
80,3 IUGATA continua.   COMPARARET inveniret.   PAGINA ratio.
80,4 QUOCUMQUE DUCTA id est in aliam partem potuissem extendere sermonem.
80,5 MITHOS fabulas.
80,7 FRUGE VERA intellectu perfecto.   OMNE FICTUM id est omnes fabulae.   DIMOVENT removent.
80,9 PRO PARTE id est ex aliqua.   In principio namque sequentium librorum et in fine aliquid interponit meretricie [49] fictum.   LUDICRA iocosa.
80,11 CHELIS LATOIA citharista Diana.

---

2 Popeamque   3 Poppaeus *conieci* popium scripturae   36 meretrice

FINIT II LIBER DE NUPTIIS. Deest totus liber de Grammatica.

INCIPIT DE DIALECTICA

150,16 HAEC QUOQUE subauditur femina. CONTORTIS perplexis rationibus cum brevibus sillogismis. EFFAMINA collocutiones, sententias. STRINGENS ligans, breviter exponens.
150,17 QUA SINE id est sine qua nulla consequentia [50] fit. Proprium est dialecticae artis ex consequentibus et repugnantibus concludere. REPUGNAT In his duobus versiculis proprietas dialecticae panditur.
151,2 EXCOLICUM pro excolicorum, id est excelsa colentium, id est caelestium incolarum. AXIOMAS qui primum docuit dialecticam per concatenationem [50] sententiarum.
151,3 MEMORANS dicens.
151,4 AD SOCIUM id est nisi fiat ad aliquam rem subsistentem, vel consimile ipsi normaliter.
151,5 DEMUM tandem. BIS QUINQUE id est decem categorias. PROFATUS pronuntians.
151,6 PALLENS epitheton proprium phylosophorum quia proprium est phylosophis propter nimias vigilias pallere. AFFLICTIM laboriose altercatim.[50] VERSET moveat, utatur. Ante ARISTOTELEM ignorabant homines nomina rerum, sed ipse eis dedit nomina.[51]
151,7 CIRCUMEANT circumveniant. LUDANT decipiant. SOPHYSMATA cavillationes, vacillationes. Est similitudo veritatis in falsitate sophysma.
151,8 PERDITA id est amissa, scilicet licet. CORNUA arma veritatis in publico FERANT scilicet ipsa sophysmata Stoica.
151,4 NIL NORMALE PUTANS id est nulla norma potest fieri sine similitudine. Omne quod est appetit ut unum aliquid sit et simile sui et rerum ordinem non excedat sed similibus partibus.
151,9 CRISIPPUS scilicet et licet. CUMULET congreget, in unum proprietates rerum perficiat, subauditur et licet.
151,10 CARNEADES phylosophus, ut ait A. Gellius [52] septimo commentario Noctium Atticarum, capitulo xxiiii, "Violentia et rapida dicebat, scita et teretia Critolaus, modesta Diogenes et sobria," [53] ubi et tria genera dicendi probabilia esse dicit, uber,

---

34 Cf. *Noct. Att.* 6.14.10.

gracile, mediocre. "Uberi dignitas atque amplitudo est, gracili venustas et subtilitas, medius in confinio est utriusque modi particeps." ELLEBORO proprium herbae.

151,11 NULLUS APEX id est nulla gloria. TOT PROLE id est in tantis philosophis. PAR similis vel aequalis.

151,12 NEC TIBI scilicet O Phylologia. SORTIS eventus vel successus. CECIDIT id est evenit.

151,13 FAS EST id est licitum, scilicet tibi. Vox Apollinis seu Mercurii sive Minervae vel Martiani O DIALECTICA. FARI loqui.

151,14 CONSPECTO viso, scilicet a te. IURE ratione, lege. AGIS id est parata es ad agendum.

151,15 QUAE IGITUR PALLIDIOR scilicet solito.

151,16 ACRI acuto, veloci. ADMODUM id est valde. VISU intuitu. VIBRANTIBUS splendentibus, crispantibus.

[*fol. 26v. col. 2*] **151,17** CONTINUA MOBILITATE id est cum celere motu. LUMINIBUS oculis. Haec figura hipographica [54] vocatur, id est descriptionalis, [54] quia describit vultum et habitum gestumque. CUI scilicet feminae. CRINES Per crines disputacio longissima quae in propositione prolixa videtur dum pervenitur ad conclusionem nil longius nil brevius. TORTUOSI involuti. DECENTI id est honesta.

151,18 INFLEXIONE incurvatione. NEXILES iuncti, illigati.

152,1 DETINERES id est iudicares.

151,19 GRADUS Omnis conclusio necesse est ut gradatim pergat usque ad finem per propositionem, assumptionem, conclusionem. FORMAM id est plenitudinem.

151,20 CIRCULABANT ambiebant.

152,1 CUI scilicet erat. ATHENARUM id est Grecarum.

152,2 GESTAMEN ferculum. INOPINUM id est incognitum.

152,3 PRORSUS omnino. GYMNASIIS Gymnasium domus exercitacionis. INEXPERTUM id est incognitum quia Dialectica ficto transit ad scolas. IN LEVA scilicet erat.

152,4 SERPENS Tria habet in manibus, serpentem in leva, hamum et formulas in dextra; [55] per serpentem subtilitas conclusionis, per formulas simplicitas propositionis vel compositionis, per hamum capacitas assumptionis.

---

17 Cf. Cassiodor. *Inst.* 2.3, p. 121 (Mynors).

---

9 O *deest Dick*

152,5 FLORENTIBUS   Usus fuit antiquorum formas ex ceris agere et sic depingendo vel effigiando occulta manifestare quae nequibant scire lectione.   DISCOLORA varia.   VENUSTATE pulchritudine scilicet ex ceris.
152,6 SOLLERTER studiose.   EFFIGIATAE id est formatae. NEXU complexione.
152,7 SUB PALLIO   Per pallium obscuritas illius artis. Omnis quippe propositio videtur in primordiis simplex, sed in conclusione nihil obscurius.
152,8 VIPERINAS serpentinas.   PREBEBATUR ostendebatur.
152,9 FORMULIS propositionibus.   SIQUIS ALIQUAM scilicet propositionem.   PERCEPISSET sumpsisset.   APPREHENSUS ligatus.
152,10 AD LATENTIS scilicet pallio.   VIROSOS venenosos.   CIRCULOS circuitus.
152,11 QUI scilicet anguis.   EMERGENS surgens.   PRIMO id est in primis.
152,12 ACUMINE id est conclusione aspera et acuta.   ASSIDUIS continuis.   AFFLIGEBAT vulnerabat.
152,13 AMBITU MULTIPLICI id est involutionibus multis.   CIRCUMACTUM circumdatum.   CONDITIONES intelligentias.
152, 14 COARTABAT id est constringebat.
152,15 OBVIIS oppositis.
152,16 OCCUPABAT praeveniebat, scilicet eos.   SERPERE id est ruere.
152,17 STIMULABAT instigabat.   NEXILIS tortuosa.   CIRCUMVENTOS INTERROGANTIS scilicet feminarum.
152,18 ARBITRIUM iudicium.   STRANGULARET deciperet.   Huc usque descriptio gestaminis, hinc subtilissima descriptio habitus.
152,20 DUMALIBUS asperis.   HIRTA pilosa.   SETIS pilis aprinis. VULGO hominibus.   INEXPLANABILE id est ignotum.
152,21 NAM UNIVERSALEM DEDICATIVAM PARTICULARI ABDICATIVAE OBLIQUAM id est confirmativam negativae in contrario positam.   Haec duo proloquia, hoc est universale dedicativum et particulare abdicativum, necessario sunt sibi contraria; simul enim aut vera aut falsa fieri non possunt.
152,22 CONVERTIER pro converti, id est iungi.
152,23 ASSEREBAT pronuntiabat.   UNIVOCIS ut vestis.   AEQUIVOCA ut leo.   CONECTENDO coniungendo.

152,21 UNIVERSALE: "Omnis voluptas bonum est." PARTICULARE: "Quaedam voluptas non est bonum."
152,24 DISCERNERE scilicet posse, id est iudicare. QUID id est aliquid. DIVINANTIS quasi divae [56] potestatis particeps.
153,2 RUPE Quidam phylosophi omnia relinquentes in abditis locis dialecticam invenerunt. ATQUIN id est utique certe. PARMENIDIS urbs Aegipti.[57] EXINDE id est ex illa rupe.[58]
153,3 ATTICAM DEMEASSE Atheniensem urbem redisse. ILLIC id est Attica. VERSIPELLIS fallacis.
153,4 CALUMPNIANTE vacillante, vilescente. PROPOSITO professione illius artis.
153,5 AMPLITUDINEM gloriam. [*fol. 27r. col. 1*] MANCIPASSE id est adquisisse. HANC IGITUR scilicet feminam. FRAUDULENTA id est deceptiosa.[59]
153,6 VERSUTAM acutam. DE CIRCUMVENTIS id est seductionibus multis.
153,7 GLORIANTEM exultantem. KYRRICEO id est dominicali sede.[60] GEMINOS scilicet per.
153,8 ASSURGENS elevans. ALLAMBERE devorare. CREBRIS continuis. LINGUARUM scilicet serpentium. MICATIBUS morsibus.
153,9 ATTEMPTARET id est tangeret. TUMQUE proinde. TRITONIDA Minerva. GORGONES tres fuere Stenno, Euriale, Medusa, quas licet Perseus interfecerit, id tamen virtute Palladis in palude Africae.
153,10 GAUDIO propter gaudium cognoscentis Dialecticae. SIBILARET pro sibilabat. BROMIUS mimus deorum, id est iocularis.
153,11 FACETIOR eloquentior.
153,12 LIBIAE Africae. ANHELANTIS ferventis.
153,13 CAPILLITIUM iunctura capillorum. DOCET insinuat. VENENORUM quia habundant in Africa serpentes.
153,14 FIDENDUM credendum. FORMA propter formam. MARSICAE NATIONIS Psilli[61] in Africa, Marsi in Italia fuere incantatores serpentium, qui eos aut subito interficiebant aut minime nocere sinebant.
153,16 DILIGITUR intellegitur colligitur. QUOD NI EST pro quid ni, id est quaenam ipsa sit. FRAUDE occultacione. COLLIGITUR id est manifestatur.

---

34 Cf. Aul. Gell. *Noct. Att.* 16.11.

153,17 CIRCULATRIX seductrix.[62]   PELLACISSIMA acutissima.
METARUM id est finium.
153,18 INCOLA vicina.
153,19 ARRIDERENT consentirent.   ALIQUANTO paululum.
153,20 CONCUSSIOR motior.   EMERGENTIS surgentis Bromii.
INHIBUIT prohibuit.
153,21 ADMODUM plurimum.   SOBRIAM honestam scilicet esse.
154,1 TER GERMANAS id est tres, scilicet memorans Grammaticam, Dialecticam, Rethoricam.   PROBANDAE laudandae.
154,2 ACRIORES sagaciores.   ASSERTA id est vera.   Vel ACRIORE scilicet Bromio.
154,3 ILLA scilicet argumenta.   QUAE IN ARGUMENTUM id est demonstracionem.   VEROSAE spinosae, a vero acutae.   ASSERTIONIS affirmationis.   ACRIMONIAE subtilitatis, scilicet verosae.
154,4 TRADERE docere.   IUBET scilicet Dialecticam Pallas.
154,5 SOLLERTIAE doctrinae.   COMPARARE id est aptare.
154,6 HYATUS venenosos rictus.
154,7 INSINUATIONE doctrina.   PERACTA finita.   PROPTER iuxta.
154,8 IPSI DIVAE id est Minervae.   MEDUSEOS serpentinos.[63]
EDOMUIT quia Perseus auxilio Minervae fultus saxificam Medusam interfecit.
154,9 ILLICIBUS provocatricibus[63] capacibus.   HAMATIS aduncis.   COMMITTUNTUR scilicet circulati orbes anguis lubrici.
154,10 MERA pura.   CECROPIS patronymicum.   ATTICA Atheniensis.
154,11 PALLIATORUM POPULUS id est phylosophi qui palliis utebantur.
154,13 MIRATA scilicet illa electio.   IUDICANDIS indiscendis.[63]
154,14 POSTERAM postpositam.   ROMULEIS Latinis.
154,15 LEVITATEM instabilitatem.   LATIARI id est Latino.
154,16 PROMERE proferre.   FACULTATE id est eloquio.
154,18 PROMPTIORE FIDUCIA id est comparatiore audacia.   RESTRICTIS coartatis.   OBTUTUS visus, genitivus.   VIBRATIONE id est crispatione.
154,19 LUMINIBUS oculis.
154,21 NI VARRONIS id est nisi Varro primum dialecticam Romanis tradidisset, esse illa putaretur et rudis et barbara, quia ipse Varro protulit primo a Greca in Latinam linguam.   Primo

---

13 vero veru.*m.sec.*   24 patronomicum

enim voluit ipsa ars venire sed a nemine intellecta est nisi a Varrone.   CELEBRATI honorati.

154,22 SUPPETERET iuvaret.   DORICAE Grecae.

155,1 ROMULEAE Latinae.   EXAMINA iudicia, populum, agmina.

155,2 RUDIS nova.   BARBARA aliena.

155,3 AUREUM FLUMEN pulchram exuberantiam[64] artis.   MARCI TERENTII id est Varronis.

155,4 PELLEXIT induxit.

[*fol. 27r. col. 2*]   **155,5** FANDI docendi.   AUSONIAS Italas. COMPARAVIT docuit, praebuit.

155,6 HINC id est ab articulo temporis, ex hoc loco.   PRAECEPTIS scilicet divum.   PARERE oboedire.   CONLUCTANS id est temptans.   NEC GRAIA vel GRAIOS id est nec recedam ab ordine Greco.

155,7 DISSERENDI exponendi.   NEC LAURENTIS Latinae.

155,8 REMORABOR id est narrare tardabo.   COMPERTUM notum, scilicet esse vobis.

155,13 ALTERAM id est Rethoricam.   OPIMIORIS maioris.   Solent enim rethores commoto vultu iudicium exercere.

155,14 IRE CLUEN   Clues pugna et Clues nobilitas et Clues defensio et Clues incrementum, sed hic Cluen quasi pugnatricem[65] accipere debemus.   De Rethorica enim dixit unde et depingitur cum hasta,[66] quia in disceptacione amborum putatur irata esse verborum.   VEL ILLAM scilicet Geometricam. RADIUM est virga geometricalis unde diversas formas imprimunt, pentagonas, chilindratas et cetera.

155,15 PULVERE scilicet liquefacto.   LINIANTEM figurantem.

155,17 SEX NORMAE id est regulae.   QUIS pro quibus. Hic tantum modo quattuor, Grammatica, Dialectica, Rethorica, Arithmetica; duae vero in inferioribus, Musica, Geometrica.

155,18 PRIMA scilicet norma.   Species sunt dialecticae artis istae normae.

156,1 IN PARTE PRIMA scilicet dialecticae artis quam de loquendo dixi.

156,6 INSOLENTIAM ineptiam.   PERFERRE sustinere.

156,7 DISSERTARE LATIALITER Latine disputare.   QUE ERGO scilicet queritur.

---

21 nobilitans *corr.*   27 chilindrinas

156,8 SUA id est propria.
156,9 SUBSTANTIA id est usia vel ὑπόστασις.
156,13 CENSENTUR nominantur.
156,17 QUATENUS quousque, quomodo.
156,19 EXCIPIT id est suscipit.
157,2 AFFECTA id est coniuncta.
157,5 SIMPLERASMA confinis, conclusio.
157,13 HAEC subauditur verba.
157,16 INTIMABO manifestabo.
157,17 FORMARUM specierum.
157,18 COMPLEXIO collectio.   FORMAE EIUS scilicet species sunt.
157,19 NONNUMQUAM aliquando.
157,20 SUBICIUNTUR supponuntur.   ALIIS scilicet formis.
157,22 USQUE EO id est usque ad id.
158,5 Adon et CATAMITUS [67] nobilissimi fuere pueri.
158,7 NON EST GENUS   In hoc genus est homo quia quando dicitur homo, omnis comprehenditur homo, id est et barbari et Romani comprehenduntur nomine ipso. Omnes enim barbaros dixit iste qui Romani non erant.
158,8 QUOD scilicet genus.   NEGOTIO questioni.
158,9 UT SI DE HOMINE   Secundum dialecticam homo generis animalis, secundum grammaticam communis est generis. Hoc autem genus dialecticae non a sexu sicut grammaticum genus sed a numerositate formarum. Quadam autem similitudine non carent, sicut enim illud genus, hoc est grammaticum, dividitur in sexus aut in negationem sexuum, ita hoc multiplicatur in formas. Maximum genus ultra quod nihil invenitur genus tantum modo vocatur, non forma. Ubi autem divisio desinit, ibi sola forma invenitur individua quae numquam genus vocari potest. Unde fit ut maxima divisionis extremitas genus dicatur, non autem forma; minima vero sola species vel forma individua, non autem genus. Quidquid autem intra has duas extremitates medium invenitur et genus et forma simul vocari posse dinoscitur. Quaedam sunt substantiae quae animam non habent, et ideo hominem melius genus animalis quam substantiae dicendum est, quoniam formae sunt animalis, id est species. Animal est corpus et anima sensus particeps. Iulius Severianus dicit, "Sunt enim multa corpora quae animam habent, sed quia non sunt sensus participantia non possunt animalia dici." [68]

2 ὑπόστασις *conieci* apotosia   13 suiciuntur *corr.*   15 Ado

158,17 PARTICIPANS partem habens.
158,18 GENERIS id est animalis esse cognoscitur.
158,19 ID QUOD SUSCEPERIS id est ad discretionem vel disputacionem. Hoc tamen sciendum quod differentia eius primo danda sit quod primum obicitur, ut si dicatur quid inter hominem est et equum, hominis primo danda est differentia. [*fol. 27v. col. 1*] Omnis forma differentia, non omnis differentia forma.
159,3 POSSUMUS scilicet dividere in aetates.
159,4 ORTIVA id est nascentia.
159,10 IGNEA siderea ut Leo, Taurus, et cetera caelestia sidera.
159,11 ALIA scilicet sunt LOQUENTIA ut homines, GEMENTIA ut delphini draconesque, LATRANTIA ut canes, ULULANTIA ut lupi.
159,13 PERFECTAS dicit quia possunt dividi in formas. Quod hic dicit SINGULAS PERFECTAS ESSE DIVISIONES, hoc est quod et paulo superius inquit DIFFERENTIA EST AD ID QUOD SUSCEPERIS DISCRETIO SUFFICIENS. Est enim perfecta divisio cum dico, "Hic natans, hic est repens"; item inveniuntur in singulis omnes ut cum dico de homine, "Hic est ab ortu recens, ille autem senex." Suffecerat enim haec sola differentia, "Hic est gradiens, ille volans," sed item augeri potest ut iterum dicatur, "Hic est parvus, ille magnus, hic est gradiens, ille volans, iste terrestris, ille caelestis, iste bipes, ille sine pedibus."
159,16 QUAVIS scilicet forma.
159,17 SUSCEPTO NEGOTIO id est assumptae questionis.
159,20 QUANTI scilicet decoris.
160,1 ACCIDENS EST quod substanciae accidit et substantiam deserit. Si ergo accidit, unde venit priusquam venisset, vel postquam deserit quo pergit? Quidam sic intellegunt: Quando venit non aliunde venit nec ad aliquid redit redeundo. Sed quomodo fieri potest cum accidens semper non potest esse per se nisi in aliqua substancia? Rethorica igitur si accidens est, necesse est ut in aliqua substantia sit. Cum igitur priusquam venisset, verbi gratia ad Ciceronem, necesse est ut in aliquo esset. Quaerendum est autem in quo erat et si Ciceronem deseruerit, ad quid redit cum id in quo erat, id est Ciceronem, deseruit. Possumus sic respondere accidentium quaedam sunt quae non solum possunt accidentia fieri aliarum rerum sed etiam stare per se et substancia esse. Si igitur rethorica non solum accidens est,

---
30 redando

verbi gratia Ciceronis, sed etiam substancia per semet ipsam est, nonne probabile est ut quando venit, a semet ipsa veniat, et quando recedit, in semet ipsam redeat? Sed quia unaquaeque ars, quamvis propriam quandam naturam suam habeat, in se fieri non potest sed in aliqua subiecta substancia necesse est ut consistat, ideo non potest a semet ipsa venire si in semet ipsa non est, et ad semet ipsam redire dum alio aliquo continetur. Itaque necesse est ut aliter atque melius intellegamus. Omnis igitur naturalis ars in humana natura posita et concreta est.[69] Inde conficitur ut omnes homines habeant naturaliter naturales artes, sed quia poena peccati primi hominis in animabus hominum et in quandam profundam ignorantiam devolvuntur, nihil aliud agimus discendo nisi easdem artes quae in profundo memoriae repositae sunt in praesentiam intellegentiae revocamus, et cum aliis occupamur curis, nihil aliud agimus artes neglegendo nisi ipsas artes iterum dimittimus ut redeant ad id a quo revocatae sunt. Cum ergo apparet rethorica in animo alicuius hominis, non aliunde venit nisi ab ipso, id est de profunditate ipsius memoriae, et ad nullum alium redit aliqua causa, id est aut morte aut alia qualibet re, nisi ad eandem eiusdem memoriae profunditatem.

160,4 ORATOR locutor.

159,20 NATURAM dicebant antiqui faciem invisam. Aeternitas divinitatis est qua vivimus, movemur, et sumus.[70]

160,5 PROPRIUM EIDEM scilicet formae.

160,7 DISCRIMINET disiungat.

160,10 EO DISTAT id est ea ratione differt.

160,12 AB OMNIBUS scilicet disiungit.

160,15 NEGOTIUM causam.

160,18 EO scilicet accidente.

160,19 DISCREVIMUS disiunximus. Scire autem [*fol. 27v. col. 2*] convenit proprium esse medium inter differentiam et accidentiam. Coniungitur enim differentiae in eo quod differre facit a communione aliarum rerum sed rursum differt ab illa quoniam differentia ab una re, proprium autem a communione

---

10, 17 Cf. Augustin. *De Trinitate*, 12.15.24 (*PL* 42.1011).
24 Cf. *Act. Apost.* 17.28.

---

14 reppositae *corr.*   16 redeat *corr.*   23 cf. *Dick app. crit.*   32 accidentia
33 differre

omnium rerum segregat. Cum accidentia coniungitur quoniam accidit; in eo autem quod semper accidit seiungitur ab accidentia quae non semper accidit. Differentia non uni rei soli accidit, ut cum dico "Homo terrestris," nomen quidem terrestris multis convenit creaturis, accidens autem uni formae accidit. Differunt autem quod differentia naturaliter insita est formis, efficit enim ea formas a generibus unde etiam et differentia forma dicitur eo quod efficit formas. Posita enim est in medio duarum formarum cum alteram ab altera differre facit. Accidens autem exterius est.

160,20 INVOLUTA obscura.

160,21 EXPLICATUR determinatur, aperitur.   VITANDA cavenda.

160,22 NE QUID id est aliquid.   SIGNIFICETUR ostendatur.

161,11 QUID TOTUM   Omne quod partibus constat totum dicitur, sicut omne quod formis genus; et haec sunt differenciae inter totum et genus, quod genus formis, id est speciebus, totum vero partibus, constat. Et genus nomen et definitionem sui omnibus formis accommodat suis. Totum vero numquam definitionem sui partibus suis tribuit, nomen autem aut raro aut numquam.

161,13 INDIVIDUIS id est in his quae dividi per formas non possunt.

161,15 TOTUM ESSE quod separatum.

161,20 ANIMADVERTENDUM id est animo considerandum.

161,21 OMNE PRO TOTO   Omne non pertinet nisi ad genus, totum ad partes, atque hac ratione etiam totum hominem omnem hominem possumus dicere, quod generalis natura omnium hominum non est maior in omnibus quam in singulis. Totum enim ubique est in his in quibus est. Igitur unum hominem totum dicimus quia partibus, itemque omnem dicimus quia plenitudinem generis continet, et est quod dicimus ALIO QUODAM INTELLECTU.

162,5 PARTES SUNT ET QUIBUS scilicet partibus.

162,7 USQUE EO id est in tantum oportet individuum quod dividi non potest.

162,9 REDIGIMUS resolvimus.   ET EIS scilicet generibus.   IPSAE scilicet formae.

162,20 ORATIONE locutione.

162,21 OBSCURITAS CAUSAE id est disputacio dialectica.

---

3 quae *conieci* quia   14 quid *deest* Dick   25 rationem   28 tocum

162,22 TRACTARI cogitari.
162,23 NON DEBET scilicet in animo dividentis disputacio ad dialecticam, oratio ad rethoricam pertinet.
163,1 QUI IN PARTIENDO MODUS.
163,2 SINE HIS scilicet differentiis.   INFINITA indeterminata.
163,5 NON SUPPETUNT non occurrunt.
163,4 PARTES sunt ut caput, pedes.
163,15 IN TOTO scilicet homine; divisio in genere, collectio in toto.
164,6 UNIVOCUM EST quod multas formas unius generis significat quas una definitio [71] colligit.
164,1 AEQUIVOCUM EST quod multas res diversorum generum significat quorum diffinitio [71] diversa est.
164,11 PLURIVOCUM EST quod cum multis aliis nominibus aliquam rem unam significat.   Omne aequivocum univocum est.
164,7 BYRRUS sagum, vel cottus.[72]
164,9 SERIE ordine.
164,12 GLADIUS quasi guladius.[72]
164,15 ALIENA duabus causis aliena nomina ponuntur, aut quia non habent sua propria quibus appellari possint, aut quia pulchrius alienis nominibus appellantur quam propriis.   Propter duas causas veniunt, sed a tribus fontibus oriuntur.
165,6 PER SIMILITUDINEM   Queritur quare sinecdoche modo similitudinis iunguntur, ideo quia omne totum similitudinem partium et omnes partes similitudinem totius habere manifestum est, ut fluctus similitudinem ponti et [*fol. 28r. col. 1*] pontus similitudinem fluctuum.   Hic tropus transit vel de multitudine ad partem vel de parte ad totum.   Sinecdoche in loco intellegitur quando aut nomen totius pars appellatur, ut "ingens a vertice" pontus aut nomine partis totum appellatur, ut "oculi plebis" et "caput mundi," et non transitur et est sinecdoche quae ad totum pertinet cum totum dicitur retineri.   Si partem tantum retinuerit, ut "in puppim ferit," cum non totam navim nomine puppis appellaverit, sed quia puppim ferit sequitur etiam ut totam navim feriat, vel sicut de Christo dicitur tribus diebus iacuisse in sepulchro,[73] vel cum totum dicitur haberi pro

---

29, 33 Cf. Virg. *Aen.* 1.114.

---

4 Cf. *Dick, app. crit.*   16 coctus   23 sinedoche

parte quamvis desit aliquid, ut lunarem mensem xxx diebus dicimus contineri cum tamen non tot contineatur.

165,14 CONTRA QUAM adverbium qualitatis, vel adversantium.

165,16 ANTIPHRASIN id est contrarietatem.[74]

165,21 PROPRIIS scilicet nominibus.

165,22 SIMILIBUS sicut in tropis, ut Parcarum nominibus. FAS licitum.

166,1 ANTEQUAM DE HAC scilicet substantia. DOCENDA praemonenda.

166,2 SUBIECTUM suppositum eo quod subiaceat[74] suis accidentiis.

166,4 SUBSTANTIA Cicero. NULLI ACCIDIT id est nulla natura continetur.

166,5 INSEPARABILITER sed separabiliter. EI scilicet subiecto. ALIA scilicet accidentia.

166,6 SIGNIFICATUR scilicet substancia nominis.

166,7 DICITUR intellegitur. DAT EI scilicet subiecto. Stoliditas absentia sensus; stulticia non potest fieri nisi ubi est sapientia.

166,11 IN GENERIBUS animal.

166,12 IN FORMIS homo. IN SUBIECTO Neque nomen artis neque diffinitionem eius possumus hic videre.

166,17 IN EO AUTEM scilicet subiecto, nomen et definitio rethoricae.

167,1 QUOD ALIUD DE SUBIECTO ALIUD IN SUBIECTO Inter hominem et disciplinam haec similitudo esse dinoscitur quod sicut homo de subiecto est, ita et disciplina. Homo enim de subiecto, Cicerone, predicatur, disciplina vero de subiecto, rethorica; item e contrario. Sicut Cicero prima substantia est hominis, ita rethorica prima substantia est disciplinae, et quemadmodum unius eiusdemque nature sunt, ita rethorica et disciplina. Tamen a disciplina hoc differt quod homo de subiecto est tantum modo, id est secunda substantia, numquam autem in subiecto est quia non est accidens. Disciplina vero potest utrumque in se colligere nam et de subiecto est. Praedicatur enim de rethorica et in subiecto est quia accidens est et nusquam per se stare potest nisi in aliqua prima substantia, ut est Cicero.

---

28 subiecta (*alterum*)

167,7 DE SINGULIS scilicet categoriis.
167,9 QUALITAS in subiecto, id est in homine, vel Cicerone.
167,11 SINE QUO id est prima substantia ipse candor in quo ipsa qualitas.
167,12 SUBIECTUM subditum est illi.
167,14 QUANTITAS bipedale, spatium.
167,17 RELATIVUM   Omnia comparativa relativa sunt.
167,19 SINT id est dicantur.   NONNULLA multa.
168,1 QUAE DICUNTUR id est de patribus, fratribus. Omnia accidentia incorporea sunt sed aucta res corpus non videtur sed qualitas et quantitas.   IN ANIMA   Effectus enim cognitionis patris videlicet atque fratris plus in anima quam corpore deprehenditur.
168,4 TEMPORIS INTELLEGITUR   Non dixit videtur. Substantia enim temporis anima et est hic locus de analiticis, id est de resolutoriis.[75] Augustinus: "Locus est spacium quod longitudine, latitudine, altitudine corporis occupatur." [76]
168,7 MORAE id est tarditatis.
168,11 ITEM DE SUBSTANTIA   Cum categoriae decem sunt, una illarum, id est prima, in nullo subiecto est. Nulla enim prima substantia et nullae secundae possunt fieri accidentia. Relinquitur ergo ut novem categoriae accidentia sint. Decima enim non est accidens sed illi accidunt cetera. Et notandum quod sicut nulla prima substantia aut secunda accidens est, ita nullum accidens substantia fieri potest. [*fol. 28r. col. 2*] Sciendum tamen quod quaedam accidentia possunt fieri substantiae et primae et secundae, sed non ita sunt sicut illa est quae omnium categoriarum prima dicitur.
168,18 NAM SIVE RE IPSA incisione, SIVE COGITATIONE id est possibilitate vel extensione, ut sponte extendatur brachium. Intellegendum est quod omnis, id est vera et immutatoria [77] rethorica, quando apparet in animo, aliunde non venerit, quomodo quando non apparet in animo aliquo, numquam migrare dinoscitur. Est rethorica generalis omnibus; est et specialis quia per disciplinas adquiritur. Si de immutatoria arte dictum est, fingit esse quod non est veluti dicamus ut si creatura de mundo tolleretur, Deus solus esset. Dicimus tamen cum id fieri non possit.

---

15 enliticis   19 *cf. Dick app. crit.*   29 si venae   35 quia *conieci* quae immutatoria *conieci* imitatoria

169,8 COMMUNE id est proprietas.
169,9 PRIMA VERO scilicet inseparabiliter. INTENDI augeri.
169,10 REMITTI retrahi. ET SI QUIDEM affirmative.
169,13 IN DIVERSIS subauditur substantiis.
169,14 CONSORTES coaequales.
169,15 PRIMAM id est Ciceronem. PRIMAE id est Varroni.
169,16 NAM SECUNDAM id est hominem. PRIMAE id est Ciceroni.
169,17 REM id est substanciam.
169,18 SECUNDA id est homo. Non magis Cicero substantia est quam Varro substantia est. Omne namque individuum ⟨magis⟩ substantia est quam id quod in multis dividitur.
169,25 NAM NIHIL HOMINI AUT EQUO CONTRARIUM Nulla natura humana appetit ut equina non sit nec equina ut humana non sit.[78] Omne enim contrarium appetit ut aut penitus quod sibi contrarium est non sit, aut nullam similitudinem sui habeat. His autem duobus carent substantiae. Omnis enim substantia numquam appetit ut alia non sit, aut similitudinem quandam non habeat alterius substanciae.
170,6 CONTRARIORUM diversarum rerum. SUPER MUTACIONE id est super positione.
170,12 QUALITATUM FORMA id est species. UNA prima. DISPOSITIO ordinatio.
170,14 PERCEPTIS ab animo sumptis. SAPIENTIA dialectica.
170,15 AMITTI oblivisci.
170,17 OPERAM studium.
170,20 HABITUS id est perfectio. Omnis habitus post dispositionem est. Non enim ad habitum pervenitur nisi per dispositionem, sed quia non omnis dispositio potest pervenire ad habitum, non est omnis dispositio habitus.
170,21 QUAS scilicet qualitates. PASSIBILES id est passiones inferentes.
170,23 NON QUOD EX HIS scilicet qualitatibus passibilibus.
171,1 SENSUS gustum et tactum.
171,3 ITEMQUE scilicet sunt qualitates passibiles.
171,4 INOLEVERINT accreverint.
171,5 NON TAMEN ITA scilicet dicuntur qualitates passibiles.

---

6 primum   10 secundam   11 magis *addidi*.

171,7 NON QUALITATES scilicet passibiles. SIQUIDEM SECUNDUM HAS scilicet passiones veras.
171,9 PALLIDUS scilicet semper.
171,10 EBRIOSUS scilicet sit semper. ILLAE IGITUR id est quae subito eveniunt homini.
171,15 PALESTRA ἀπὸ τοῦ πάλλειν, id est a rustica luctacione.
171,23 QUARUM scilicet qualitatum. NON INVENIUNTUR id est unde vocentur.
172,3 QUADRUM, ROTUNDUM haec duo ⟨in⟩ figuris; PULCHRUM, DEFORME ista in formis. Omnium rerum formae et figurae inter qualitates putantur.
172,4 MAGIS ET MINUS per substanciam. Qualitas colorum magis et minus recipit, qualitas vero figurarum non recipit magis et minus. Omnis qualitas nec augeri nec minui potest, ideoque magis et minus non recipit. Similiter omnis substantia nec augeri nec minui potest. Capacitas igitur qualitatum per substantias magis et minus non habet.
172,11 NON DICI POTEST MAGIS HAEC IUSTICIA QUAM ILLA EST Apparet igitur quia nec nomen nec substantia per se neque qualitas comparatur, sed comprehensio accidentis a substantia quae ostenditur illo nomine quod denominatur a qualitate.
172,17 PER IPSAS SUBSTANTIAS id est quae ostenduntur illis nominibus quae denominantur a qualitatibus,   [*fol. 28v. col. 1*] ut iustus a iusticia.
172,19 QUADRO id est quadraturae. ROTUNDO id est rotunditati.
172,20 QUICQUID CONTRARIUM Omne quod contrarium qualitati est qualitas potest dici.
172,24 DISCRETA distincta in partes naturales.
173,1 CONTINUA quae nullas partes habent naturaliter distinctas.
173,2 LINEAE AC TEMPORIS Tempus caret articulis naturalibus, tempus nullam temporalem distinctionem habet partium, sed sicut linea in longum ducitur, nam illi articuli quos in cursu temporum ponimus, ut sunt horae, dies, menses, anni, et cetera, non sunt naturaliter sed artificialiter inventi.

---

6 Cf. Isidor. *Etym.* 18.24; Serv. *Georg.* 2.531.

---

6 apotupalin   9 in *addidi*   13 recipiunt (*primum*)   17 habent   18 potest possit *Dick*   23 qualitatebus *corr.*   35 artificaliter

173,4 SITU QUODAM id est positione.
173,5 Linearis motus senarius est: ante, retro, dextrorsum, sinistrorsum, sursum, deorsum. Hic ergo duos motus exempli causa posuit.
173,6 AT VERO NUMERUS AUT ORATIO In hoc loco intellegendum est quod Martianus de numeris deque orationibus incorporalibus dixerit. Quae loca quibus carent corpora sua tamen loca quibus res corporales terminantur habere manifestum est. Intellegendum est de linea tantum sensibili dixisse quae omnino loco corporalium caret nec praetermittendum quod non omnem locum nunc commemorat sed solum ea quibus corpora continentur. Sunt enim quaedam loca quae res intellegibiles continent quae modo praetermisit.
173,21 ABSURDUM inconveniens.
173,23 SIBIMET ESSE CONTRARIAM id est magis et minus, sicut homo medius minori maiorique comparatur.
174,10 ABUSIVE improprie.
174,11 RELATIVUM ALICUIUS ut pater filii.
174, 12 VEL AD QUODLIBET ut duplum ad simplum.
174,14 VICISSIM alternatim.
174,15 TRIBUS MODIS id est per tres casus, per genitivum, dativum, et accusativum.
175,17 SERVUS ESSE DESINIT Item ortus vel obitus non de nativitate vel morte alicuius intellegenda sunt sed ita intellegendum est: Si nullus dominus in natura rerum ortus esset, sequeretur ut nullus servus; item si dominus de natura rerum tolleretur, nullus servus remaneret.
175,18 AT VERO NOSCIBILIS RES PRIOR EST NATURA QUAM NOTIO scilicet in suo fatu. Antea sunt enim artes quam cognoscantur. Hunc locum aliter Augustinus dicit.[79] Ille namque rem noscibilem illiusque notionem similiter in natura rerum oriri, similiter occidere confirmat. Quamvis enim desit qui rem noscibilem dinoscat, tamen cum ipsa re illa noscibilitas,[80] id est noscendi possibilitas, innata est.
177,7 SPECIALITER MANUS Ideo specialiter quia manus manus est, non enim pes aut tale aliquid est, itaque specialiter manus.

---

2 Cf. Isidor. *Etym.* 2.26.8.

---

3 deorum   7 locis

177,16 NON ENIM HOMO   Sicut servus alicuius est servus, id est domini, non ita homo.

179,7 SITUS positio. Locus et tempus incorporea sunt et sua propria vi continentur. In aliqua tamen substantia sunt ut tempus in anima, locus in corporibus, ita tamen locus in corporibus intellegitur ut eadem corpora contineat atque determinet.

179,11 DE ILLIS TRIBUS id est tempore, loco, habitu.

179,14 QUID HORUM scilicet trium praedicamentorum.

179,16 ISTAE SUNT DECEM id est categoriae.

179,17 SINGILLATIM sine iunctura verborum, id est substantia, qualitas, quantitas, relatio, situs, locus, tempus, habitus, agere, pati.

179,20 DUMTAXAT videlicet omnis substantia cum sua continere accidentia dinoscitur et sine suis accidentiis manere sola vero corpora. Ita accidens quod dicitur locus continet ut sine illo fieri non possit; ablato enim loco corpora peribunt, nec tamen mirum cum et disciplinae ita animae accidunt ut sine eis nec stare nec aeterna esse intellegatur.

180,3 DE OPPOSITIS id est periermeniis.[81]

180,4 EX ADVERSO ex contrario.

180,8 DIMIDIUM id est simplum.

180,9 AUT HABITU scilicet contraria sunt.

182,3 DIFFERT A PRIMO RELATIVORUM id est magno et parvo.

182,21 NEQUE CECI   Quam medietatem privationem placuit dicere ET TAMEN ALIQUID MEDIUM NON HABENT, igitur ORBITAS, id est dentium.

183,7 AIENTIA dicentia.

183,9 SINGILLATIM unumquodque per se.

184,9 NEC SANE vox Dialecticae ad eos.

[*fol. 28v. col. 2*]   **184,12** NOMEN EST QUOD QUAM REM id est aliquam substanciam.

184,14 FLECTI declinari.

184,16 VERUM VEL FALSUM id est proloquium non possunt facere.

185,1 ESSE AUTEM DEBET   Omnis nominativus, quia nullam certam personam significat per se, terciae persone est. Nam et illa tercia persona verbi tam infinita est ut per se plus naturam

---

22 dimium   26 tamen tunc *Dick*

actus vel passionis vel utriusque significet quam personam, ideoque secundum phylosophos tercia verbi persona plus habet intellectum nominis quam verbi.

185,7 ET EI scilicet rei.   NEC RECTE DICIMUS DISPUTAS scilicet sicut fit in tercia persona verbi.

185,10 ALITER FIGURATE UTIMUR   Totius dialecticae continentia quattuor partibus concluditur, quarum prima locutio in qua singula rerum signa considerantur quae etiam tribus generibus contineri manifestum est. Omne enim quod dicitur singulariter, id est sine verborum contextu, aut ysagoge est aut categoria aut compositum. De illis ergo tribus prima pars exponitur, secunda vero quae elocutio vocatur nil aliud proprie considerat nisi sententiarum naturam quas affirmare nemo potest. Tercia vero quae prolocutionis nomen promeruit solam illam vel negari sententiam considerat de qua questio fieri potest, id est aut affirmari aut negari permittit, quarta vero quae proloquiorum summa memoratur affirmationibus aut negationibus concessa est, et haec est differentia inter terciam et quartam partem quod in tercia quaestio nascitur, in quarta terminatur.

186,8 ET NON OMNIS id est ut disputat, ut pluit, ⟨ut⟩ tonat.

186,16 ALTERUM NIHIL HORUM NECESSARIUM ESSE   Alterum bis accipe et sic iunge, alterum horum intellegimus necessarium esse, alterum nihil.

186,19 SENTENTIAM id est proloquium, ut "Cicero disputat, Cicero non disputat."

187,8 UT EST MODUS scilicet imperativus.

187,15 AGENTIA actione.

187,21 HOC FACIT OPTATIVUS quod facit imperativus.

188,5 PROLOQUIUM id est negationem.

188,6 IAM EST scilicet dictum.

188,13 CUI PARTI id est utrum verbo an nomini.

189,5 VARIIS id est obliquis.

189,6 CASUS ACCEDERE nisi nominativus.

189,15 IN HAC IGITUR   Hac in parte elocutionis queritur quemadmodum nomina et verba iungantur, aliquando usque ad plenam sententiam, aliquando non plenam; et si plena sit necesse est ut nec veritati nec falsitati obnoxia fiat, id est nec affirmari nec negari possit, alioquin non erit elocutio, sed proloquium.

---

20 ut *addidi*   21 nihil igitur *Dick*   38 eloquutio

190,10 POTISSIMUM id est maxime.   NUMERANDUM dicendum, scilicet est.
190,11 SECURUM id est verum.
190,15 DEDICATIVA eo quod dedicet seu confirmet bonum.
190,18 NON NECESSARIO id est non semper, quia sequitur aliquando.
191,22 OMNIA QUAE PROLOQUIIS ATTRIBUUNTUR id est ex quibus fiunt proloquia, universalis dedicativus et particularis abdicativus. Queritur cur V ysagogae proloquiis attribuuntur. Categoriae vero non videntur ad eadem proloquia pertinere, sed intellegendum quod in his V non solum ysagogae sed etiam categoriae omnes considerari possunt.   Inde fit ut non tantum isagogae sed etiam categoriae proloquiis attribuantur. Genus namque et species et proprium in prima omnium categoriarum esse dinoscitur, id est in substantia, in eo quod differentia et accidens dicitur caeterae categoriae inveniuntur.   Omnis enim differentia et accidens necesse est ut ex una aliqua categoriarum sequentium ducatur. Omne enim quod discernitur aut qualitate aut quantitate, relatione vel habitu, situ vel loco, vel tempore, actu vel passione, differentiam sumere necesse est, sicut est Augustinus ⟨locutus⟩.
192,18 QUIA NEGAS TANTUM   Negas tantum hominem esse, non tamen ostendens quid aliud sit si homo non est.
[*fol. 29r. col. 1*]   **193,2** CONSTITUTIO id est adversae partis responsio, et est species rethoricae.
193,4 QUAE INTENTIONIS id est accusationis. Accusatio est qua prima pars utitur, verbi gratia ⊠.
193,5 NEC PARS id est ea nec constitutio est.
193,15 AFFECTA formata.
196,11 EX EA scilicet sententia.
196,12 EFFICERE id est definire.   CUM CONCESSA confessa vel suscepta ab auditore.
196,13 ALIA scilicet sentencia.   INNECTI iungi.
196,14 INFERRE concludere.   CONCEDENDA sumenda.
196,16 RATIONE per rationem.   CONFICITUR formatur.   ILLATIO collectio, conclusio.
196,19 SEQUITUR scilicet illatio.   SI MODO RATIONE id est tantum modo rationabiliter.[82]

---

1 edicendum *corr.*   21 locutus *addidi*

197,1 EX DUOBUS scilicet sumptis.
197,6 AD ID QUOD id est ad conclusionem.
197,10 PERVENIRE subauditur ad conclusionem.
197,14 OPORTUERIT congruum fuerit. NONNUMQUAM ETIAM scilicet per syllogismum. CONCLUDIMUS scilicet adversarium.
197,23 SIVE PROPRIAM id est syllogismum. ET SUAM scilicet conclusionem. SIVE CONFINEM HABENS id est simplerasma.
197,24 PREDICATIVUM id est narrativum.
197,25 ET CONDITIONALEM scilicet syllogismum. Haec est differentia inter syllogismum et symplerasma quod syllogismus, nihil extrinsecus assumit ad illationem, sed ex his quae in sumptis sunt posita tota colligitur illatio. Simplerasma vero extrinsecus illationi foederativam particulam sumit; non tamen nisi quod ex sumptis effici potest.
198,8 HUIUS scilicet sillogismi. ILLATIO conclusio.
198,9 CONFICITUR formatur. ACCESSIT id est advenit extrinsecus. NON EST REPETITUM Quicquid repetitur in sumptis numquam ponitur in illationibus, quicquid vero semel dicitur in sumptis, hoc recapitulatur in illationibus.
198,25 IN PRIMA FORMA in prima tota qualitas et quantitas.
199,1 IN SECUNDA FORMA dimidia qualitas et tota quantitas, id est abdicativum.
199,3 IN TERCIA tota qualitas et dimidia quantitas, id est particulare.
[**199,7** PER CONTRARIUM id est per abdicativum.]
199,3 PARTICULARITER id est dedicative et abdicative.
199,5 OMNI MODO id est ex toto.
199,7 PER CONTRARIUM id est abdicativum.
199,14 IN QUO scilicet modo. CONFICITUR scilicet syllogismus.
199,15 DEDICATIVUM id est confirmativum.
199,16 DIRECTUM est cum subiectiva prioris sumpti fit etiam subiectiva illationis et declarativa sequentis sumpti eadem fit declarativa illationis.
199,17 REFLEXUM vero est cum declarativa sequentis sumpti subiectiva est illationis et subiectiva prioris sumpti declarativa fit illationis.
199,21 IN QUO CONFICITUR quintus ex primo, sextus ex secundo, septimus ex tercio, octavus et nonus postea sequuntur.

---

25 *repetitum infra*

202,18 CONDICIONALIS id est connaturalis.[83]
202,19 ARGUMENTUM quasi argutae mentis intentio vel inditium.
203,6 QUOD ERAT DUBIUM id est utrum rethorica utilis esset.
204,4 CONFECTUM monstratum.
204,7 INTEREST distat, differt.
204,13 EXPERIRI probare.
204,20 ADDITI SUNT DUO id est sextus et septimus.   ISTORUM DUORUM id est quarti et quinti.
205,4 PER UNIUS id est quarti.   PER ALTERIUS id est quinti.
205,7 SIC id est sicut sextus.
205,8 ITA CONCLUDITUR ut quintus.
205,15 QUARTI scilicet modi est forma.
206,7 RESTAT pro ut.
206,14 SED POST EUM scilicet quartum, scilicet ponitur quintus.
206,15 PROPTEREA scilicet negatio modo in quinto.   QUIA IN EO subauditur quarto.
206,18 MISCENTUR iunguntur.
206,19 RATIOCINATIONE id est syllogismo.
206,21 "SI BENE DISPUTARE" propositio.
207,2 ALIQUID EAM ACCIPERE scilicet assumptionem in illatione tantum.
207,3 VINDICAT scilicet assumptio.
207,4 UTRUM RECTE VINDICET scilicet assumptionem.
208,2 MULTA scilicet genera syllogismorum.
208,3 PROUT SE scilicet hoc.   ASSUMPTIO unde conclusio fiat.
208,6 NUTUM voluntatem.
208,7 MAIUGENAE sermonis.   FESTINANTIS velocis.
208,6 INEXTRICABILIA id est insolubilia.   CALIGINOSA obscura.
208,7 INTERVENIT prohibuit.
208,8 PERITA   O gnara.   PROGRESSUM loquelam.   COMPRIME remove.
208,9 INFLEXA dubia.   STRINGAT colligat.   INTIMATIO locutio.
208,10 ET scilicet ne.   MULTINODOS id est varietates.   PERPETUI longi.   ANFRACTUS DIU id est circumlocutionis assidue.
208,11 YMEN deus nuptiarum.   EDITUM expositum, scilicet a te.   COMPENDIO breviter.
208,12 DECENTER pulchre.

---

34 perpecui

208,13 ASTRUENDUM docendum. CONTULIT id est servit. [*fol. 29r. col. 2*] VOLUMINE volubilitate.
208,14 SAT EST sufficit. DECENS honesta, scilicet est.
208,15 ABSTRUSA occulta. PROMIT manifestat. MOROSUM cum mora. DISSERENS exponens.
208,16 PRAETERVOLANDO in transeundo. IGNOTUM id est incognitum. DESERENS id est nihil relinquens quod dicendum est.
208,17 SUPERSUNT scilicet tibi. CONSITA occulta.
208,18 QUIS pro quibus, scilicet occultis. CAPTOS id est deceptos. CIRCUMIT concludit. DECEPTIO scilicet tua.
208,19 AMBAGE circuitu. FICTA dubia. PRAESTRUIS doces. SOPHISMA est falsa conclusio vel diversa retinacula dialecticae disputationis.
208,20 CAPTENTULIS laqueis accipis. VEL LUDIS iocaris. ILLIGANTIBUS recinentibus.
209,1 PELLAX deceptuosa. SORITA proprie cumulus arenarum, unde hic cumulus sermonum intellegitur. SENSIM occulte. CONGERIS colligis.
209,2 FORMAS scilicet componis. VEMENDAS id est argumentationes, syllogismos diversos.
209,3 NEFAS id est utrum hoc. TONANTIS id est Iovis. GARRIAT resonet.
209,4 DIRUM crudele. CAELITES dii.
209,5 FALSUM FEMINAE id est Dialecticae, vel cuiuscumque deceptricis.
209,6 NAM SI VOLVAS id est si ad memoriam revoces. CAVILLA pro quacumque deceptrice vel sophystica.
209,7 LOCUTA scilicet fuit. CIRCULATRIX id est circumventrix. INDECENS inhonesta.
209,8 PRO CERTO id est certe. DECIPULA id est pedica, laqueus. SI ASTRUXERIS id est si illud confirmaveris.
209,9 FACESSAT recedat. VERSILIS argumentatio profunda.
209,10 TEMPUS scilicet ad loquendum, scilicet ut LIQUERIS dimiseris. SORORIBUS scilicet tuis.
209,11 HIS scilicet verbis. CUNCTABUNDA dubitans, id est rememorans secum. DIVAE id est Minervae.
209,12 PARITURA id est oboediens.

---

15 acapis   38 oboelliens *corr*.

209,13 Anapesticum.[84]   VENERANDUS MIHI FACTUS scilicet sermo tuus.   SECUTA scilicet tuam voluntatem.
209,14 REFERAM id est revertar a proposito locutionis.   IUSSA scilicet a te.   ILICET statim.   EXORSA inchoamenta.
209,15 DECUIT oportuit.   IUSSAE scilicet a te.   PERMITTERE dimittere.
209,16 ET scilicet licet, scilicet pro pretio, scilicet mihi.   CEDERET id est concederet.   INFERRE dicere.   RELATUS dictiones, scilicet tantum silebo.
209,17 CECROPIDARUM Grecarum.   QUO ut.   PALLIATARUM scilicet feminarum.
209,18 CONCIPERET cognosceret.   CONTUMIAS derisiones.
209,19 MAGE pro magis.   QUAM id est me.   CREDIDERAT scilicet antea.   VIPEREAM incantatricem, scilicet quo noscere posset, scilicet populus.
209,20 INERS stulta.   MARSICA id est illa gens.   DUDUM aliquando cito.   PRESTIGIATRIX id est falsatrix [85] ut alios potuisset fallere.
210,1 SOMNIFICAM somno plenam.   TEMULENTAM ebriam, scilicet per loca.
210,2 PASSIM vulgo.   BLATERANTEM latrantem.   ORSIS inchoamentis, praeceptis.
210,3 FAMULANDUM optemperandum.   TIBI VIRGO id est in tuum honorem.   RETICEMUS ego et Mercurius.
210,4 COMPLURES multi.
210,5 INTER INITIA id est eo tempore quo primum visa est ab illis.   HORRUERUNT timuerunt.

FINIT INCIPIT DE RETHORICA

210,8 INTEREA RAUCUS dulcis, per cata antiphrasin.
210,9 CLANGORE sonitu.   REMUGIT resonuit.
210,10 TURBATI commoti.   EXPAVERE timuerunt.
210,11 CAELICOLUM pro caelicolarum.   TREPIDAT timebat.   CAUSARUM proventuum.
210,12 HERENT stupent.   CRIMINA bella.   PHLEGRA civitas Macedoniae antiqua Gigantum bellorumque immanitate ⟨famosa.⟩

---

33 Cf. Solin. *Collectanea* 9.6–7.

---

5 iussae *deest Dick*   14 incantratricem   34 famosa *addidi cf. J. S.*

210,13 Amnes dii fontium.   Pales dea pabulorum.   Ephialta dii montium.[86]   Napeae nimphae silvarum. Nape Graece saltus dicitur.

210,14 respectant id est respiciunt principes deorum.

210,15 attoniti stupefacti.   vicibus per vices.   alterna scilicet verba.   profantes loquentes.

211,1 per pectora subauditur maiorum deorum.

211,2 tum in primis.

211,3 percitus commotus, timens, velox.

211,4 Herculis arma id est clava.

211,5 Portuni Neptuni.   trifidam tridentem.   suspirans gemens.   flagitat poscit.

211,6 Gradivi id est Martis.   [*fol. 29v. col. 1*]   frameam id est gladium.

211,7 bello consuetus pro Duella, ipsa Bellona dea belli.

211,8 diffidens desperans de sua salute.   respectat respicit. tela sagittae.   Tonantis Iovis.

211,9 sed dum talibus scilicet perturbationibus.   perturbatur stupida habetur.   plebs contio.

211,10 sublimissimi excellentissimi.

211,11 decore ornamento.   luculenta id est honesta.   insignis nobilis.

211,12 cui scilicet erat.

211,13 sertatum coronatum.   communire defendere.

211,14 adversarios rei publicae.   fulminea vibrabili.

211,15 coruscatione splendore.   renidebant refulgebant. subarmalis id est sub se arma habens.

211,16 Latialiter Italico more.

211,17 quod scilicet peplum.   variatum pictum.   cunctorum scilicet elementorum.

211,18 scemata figuras.   pectus scilicet ipsius erat.   exquisitissimis praetiosissimis.

211,19 balteatum ornatum.   in progressu in ipso introitu.

211,20 concusserat vibraverat.   fragore sonitu.

211,21 colliso percusso.   bombis sonitibus.   dissultantibus passim resonantibus.   diceres scilicet si adesses.   crepitare resonare.

211,22 creditum scilicet est a diis.

---

13 gradiv

212,1 IMPELLERE id est per rei veritatem probare.
212,2 RABIEM austeritatem.
212,3 URBES forenses altercationes.
212,5 ROSTRA naves.   DOMUISSE mitigasse.
212,6 ROMULEA Latina.   CURIAM senatum.   GYMNASIA exercitaciones.   TEATRA id est teathrales ludos.
212,7 ARBITRIO iudicio.   REFLEXISSE domuisse.   FUNDITUS a fundamentis.   MISCUISSE confudisse ad bellum.
212,8 HAC scilicet femina.   QUI pro qualis.   VULTUS scilicet. fuit.
212,9 OPERE PRETIUM magnum pretium.
212,11 TAM CAPACIS id est exuberantis.
212,13 ORDO scilicet erat.
212,14 GESTUS dispositio vultus.   IN CONCEPTU id est animo.
212,15 EXILIS lenis.   IN MODICIS scilicet rebus.   IN MEDIOCRIBUS FACILIS quia et parva discernit.   IN ELATIONE id est in magnis causis vel superbis hominibus.
212,16 FLAMMATRIX incensibilis.[87]   IN AMBIGUIS id est in dubio positis.
212,17 IN PERSUASIONE id est malo concilio.   CEDENTES locum dantes.   IN COLLISIONE id est commotione.   IN LAUDIBUS ARROGANTES iusticia laudabiles; laudes vero bonorum sunt.
212,18 QUID id est aliquid.   COMMOTUM scilicet esse.   PUBLICI NOMINIS id est cum aliquis ab inimico oppressus, "O iudices et O res publica," clamabat.
212,19 FLUCTUARE commovere.   PERMISCERE perturbari.
212,20 AURATAE id est pulchrae.
212,21 DIADEMATUM coronarum.   GEMMAS verba.
212,22 FUNDENTEM loquentem.
212,23 DUO scilicet viri.   HABITU forma.   NATIONE gente.
212,24 CIRCUMACTUS indutus.   Ipse erat Plato.
212,25 TRABEATUS more Romano. Ipse erat Cicero. Trabea species est indumenti.   DIVERSUS UTRIQUE quia unus Grece, alter loquebatur Latine.
212,27 RELUCTANTIBUS contradicentibus.   ACHADEMIA villa fuit ubi docuit Plato, inde Achademici dicti, id est dubie respondentes.[88]

---

35 Cf. Isidor. *Etym.* 8.6.11; Rhaban. Maur. *De universo* 16 (*PL* 111.414).

---

1 empellere *corr.*   32 Romana

213,1 ALTERCATIONIBUS causis.
213,2 PROTECTI obscuri.   ALTERUM unum, id est Ciceronem.
213,3 ALIUM FABRILIS id est Fabricii.[89]   Fabricii filius ob sapientiam exquirendam omnibus facultatibus abrenuntians [90] magnam partem auri in fluvium quendam, ut sapientiae liberius vacasset, proiecit.   PRAECLUES nobiles.
213,4 POST CURIARUM FATA postquam depositi sunt a curia. IMMERITAS aut gladio aut veneno interfecti sunt ambo.
213,6 SUPERARENT id est computarentur vel viverent inter deos. DENUO iterum.
213,8 ACERRIMUS ingeniosus scilicet esset.
213,9 FREMITU sonitu.   VIOLENTIOR ferocior.
213,11 ΑΙΝΟΣ scelera, ΑΝΗΡ vir, ΤΑ ΚΑΚΑ mala, ΚΑΙ et, ΑΝΤΑΩΝ superans, ΣΤΡΑΤΙΩΤΑΣ milites.[91]
213,13 LAUREA signum victoriae.   REDIMIBAT ornabat.   CURIAM senatum. Tullium dicit qui dum consulatum teneret coniurationem Catilinae oppressit.
213,15 O interiectio exultantis.   FORTUNATAM felicem.
213,17 EMERITI boni meriti.   PRE SE id est ante se.
213,18 ESCHINEM et cetera.   Isti Graeci sunt.
213,19 TUM deinde.
213,20 SOSANTIOS [92] accusativus singularis; REGULUM   Isti Latini sunt.
[*fol. 29v. col. 2*]   **214,2** SIGNUM id est corvum. Ἐκ ex, τοῦ Πέπλου peplo, Θεοφράστου [93] Teofrasti, sic vocatur ipse liber; τέχνην artem, λόγων verborum, Κόραξ proprium nomen, Συρακούσιος Siracusanus, εὕρατο invenit.
214,4 CORAX corvus.
214,6 CUNCTISQUE scilicet praenominatis.
214,7 CETEROS scilicet eiusdem artis, vel socios.
214,8 COMMUNE PIGNUS id est ad se et Rethoricam pertinens signum.
214,9 FILIAMQUE scilicet suam esse dicebat Rethoricam.   ARGUMENTO ostensione.
214,13 ILLUD ADIECTUM   Ob hoc magis nobilis vel de gente deorum credita est fuisse.

---

3 fabbricii (*primum*) *corr.*   13 ΑΝΔΗΡ ΚΑΚΗ   14 ΑΝΑΤΑωΝ ϹΡΑΤΙω
25 Teufrasti   26 ΛΟΓΟΝ   verborum *supra scr.*   proprium nomen *supra scr.*   36 creditura

214,3 REORUM LICTOR id est interfector cuius officium publicum erat apud Romanos hoc.[94] PROMPTIORIS alacrioris.
214,19 TUMULTUARIAE id est qui strepitus.
214,22 IN CAUSIS necessitatibus.
214,23 CONSENSIONIS stabilitatis.
215,1 INCONSENTANEUM incongruum.
215,4 DELUCTACIONIS altercationis. ANNIXA suffulta. DISCRIMINUM iudiciorum.
215,5 FATUM dicitur nexio causarum secundum meritum suum. PRAECONIA laudes. COMPARARIM quesierim.
215,6 INSTAR similitudo.
215,7 INVITA coacta.
215,8 MONITUS monitiones. EXILIA subtilia.
215,9 NEQUE ENIM HOC NOBIS scilicet ut laudes queramus, vel vulgata multo tempore iteremus. ASCRIBIT attribuit. INOPIA necessitas aliqua.
215,10 SUPPETANT id est subministrent. NAM ABSQUE HIS id est preter superbos oratores [95] qui interfecerunt phylosophos habeo et alios.
215,12 COGNOSCENTUM phylosophorum. SUBSELLIA sedilia.
215,13 MINUTIAS subtilitates. INTIMAE interioris.
215,14 COMMENTA argumenta. INTER UTRUMQUE id est inter Grecos et Latinos. COLUMEN pro culmen.
215,15 SECTATORUM discipulorum tam Grecorum quam Latinorum. MEUS scilicet amicus. IN FORO intra urbem.
215,16 SENATU curia. ROSTRISQUE id est suburbanis.
215,17 COMMENTUS pro commentatus, scrutatus.
215,18 CONSECRARIT tradiderit.
215,19 EMERITAE boni meriti. GRANDITATIS antiquitatis. PUDOR verecundia. CELEBRATI diffamati.[96]
215,20 HAEC INCHOAMENTORUM Omnis ars inchoamentum dicitur quia ab eis omnis homo bene vivere potest inchoare.[97]
215,21 DETRACTARET renueret. EXCURRERE exponere.
215,23 PRIMORA id est summas regulas. SUPERIS diis.
215,24 ARIDIORA subtiliora. PERCURRERE componere.
215,25 PUBLICITUS pro publiciter.
216,1 PALLADOS pro Palladis. AURES id est utinam illud quod

---

1 reorum *deest Dick*   15 astribuit *corr.*   33 rennueret

dictura sum cum sapientia et facundia sermonis compingatur.
ARCHADIAM Mercurialem; ipse est Arcas.
216,2 PARTICIPARIT scilicet illud quod dictura sum, id est mea disputacio.
216,3 DISPLICEBO pro valde placebo.
216,6 REFRAGETUR resistat.
216,8 EDISCI valde disci.
216,9 NON NESCIUNT litotes figura.
216,10 PROPOSITE scilicet in principio.
216,11 FINIS scilicet vero meus. DICTIONE locutione.
216,12 QUAE id est ego ipsa.
216,13 PRAECEPTIONIS id est artis.
216,14 DUCTUS processus.
216,15 ORATIO id est ipsa questio.
216,17 VERBA scilicet inventa.
216,6 PLATO dicit ARTEM esse in his quae et aliter se habere possunt quam doceantur, disciplinam quae aliter se non habent.[98]
216,20 UT IN ROSCIANA id est in libro quem scripsit de Roscio. Roscius namque suum interfecit patrem.
216,21 INFINITA scilicet questio est. GENERALITER id est cum omnium iudicio.
216,23 IN ORTENSIO in illo libro. IN SUPERIORE id est finita.
217,1 COLLUCTOR commoror.
217,2 HYPOTESIN suppositionem.
217,5 THESIS infinita questio.
217,6 ELATIUS celsius. ANHELANTI incumbenti. AMMENTATAS HASTAS id est cum recinaculis propter iocosa verba quae habet sepe auditor et propter austeritatem quam crebro in vultu propalat.[99] PILA lanceas.
217,7 VALENTIA fortes. IN SCAURINA id est in illo libro, scilicet ⟨*in quo*⟩ thesis, infinita questio,[100] SUCCURRIT evenit.
[*fol. 30r. col. 1*] **217,12** HYPOTESIN finitam questionem.
217,18 IUDICATIO QUAE A NONNULLIS pars rethoricae.
217,19 PARTIBUS CUNCTIS id est V supradictis.
218,1 DISPOSITIO Quicquid INVENTIO repperit, DISPOSITIO

---

16 Cf. Isidor. *Etym.* 1.1.3; Cassiodor. *Inst.* 2.3 (Mynors, 130).

---

1 comppingatur *corr.*   16 arcem   26 hanhelanti *corr.*   31 in quo *conieci* quam

ordinat, ELOCUTIO significat, MEMORIA custodit, PRONUNTIATIO demonstrat.
218,5 MOTUS GESTUSQUE motus in corpore, gestus in manibus.
218,6 SED HIS scilicet V partibus.
218,10 INCIDENTES quae incidunt, id est dividunt causam. PRINCIPALIS scilicet questio.
218,15 UTRI generis.
218,16 COMPARARIT praeparaverit, scilicet sibi.
218,18 CONIECTURA ambigua interrogatio iudicis.
218,19 MINUERIT depresserit, scilicet contra rem publicam.
218,22 INVENIT scilicet in relatione.
218,23 NON STATUM scilicet quartum.
218,24 QUOD IN EIUS scilicet status.
219,2 INTENTIONI obiectioni.
219,5 STATUS ubi incipit iam examinari causa.
219,6 ACTIONUM causarum.   ACIES ordo.
219,10 IDEM unum.
219,11 CONIECTURA ambigua interrogatio an sit necne.
219,12 NOMEN REI id est "Non feci homicidium."
219,13 AN scilicet aliud sit.
219,14 AN CUM INNOCENS id est valde nocens.   QUOD SI NON FACTUM OBICIAS id est "Hominem occidisti."
219,15 SI CRIMINIS NOMEN id est homicidium.
219,20 IPSUM ILLUD id est "Hominem occidisti."   ID NEGAVERIT id est "Non occidi hominem."
219,21 SI EO scilicet facto, id est "Non occidi hominem."
219,22 NOMEN CRIMINIS id est homicidium.   FINEM id est statum.   QUOD SI CONCESSO id est "Hominem occidi," scilicet facto.
219,23 FACTI VOCABULUM id est "Homicidium feci."
219,24 QUALITAS scilicet facti.   QUAE scilicet qualiter facere licuisset, scilicet quod fecit.
220,1 DE ACTIONE id est lege.
220,2 VEL ADDICTO TRIBUNOS id est ante comites reclamare. Addictus dicitur homo qui se sponte dedit servitio.
220,3 IGNOMINIOSO id est criminoso servo.   LICEAT CONTIONEM id est propriam causam exponere in iudicio.

---

5 incedentes   23 si sed *Dick*

220,5 NE INTENDAMUS id est ne arripiamus causam quae ad iudices pertinet.
220,6 QUALITAS id est questio.   COGNOSCIT audit, sicut iudex.   PROPOSITUM definitum.
220,7 EFFICERE determinare.   DAMPNARE per iudicium.
220,8 ABSOLVERE liberare per iusticiam.
220,9 AUDITOR dicitur iudex.
220,10 ALIQUID STATUIT id est iudicium suo solo iudicio.   PERPENSE proprie.
220,11 ALIUD scilicet genus.   EIUS scilicet auditoris.
220,12 ALIENAE SENTENCIAE id est oratoris cau⟨sam agentis al⟩iorum   PERSUASIONEM iudicium.   INEXPLICABILIS insolubilis.
220,13 DELIBERATOR iudex.   EXPECTAT scilicet in futuro.   TERCIUM EIUS scilicet auditoris.
220,14 LIBERA ESTIMATIONE suo iudicio.   DELIBERATIO ambigua sentencia.
220,16 TRIA GENERA CAUSARUM SUNT   Primum est iudiciale cuius finis est iusticia vel iniusticia et cuius auditor proprie iudex vocatur; secundum deliberativum cuius finis est honestas vel utilitas vel eorum contraria inhonestas et inutilitas, cuius auditor proprie meruit vocari deliberator; tercium demonstrativum cuius finis honestas vel turpitudo et cuius auditor vocatur demonstrator vel laudator.
220,20 DISCRIMEN differentia, iudicium.
220,26 ESTIMANTI subtiliter tractanti.
220,24 OFFICIO lege.
220,25 DIFFERTUR tardatur.
221,12 INSIGNIUM nobilium meritorum iudicio peracto. Quidam dicunt auditorem bene iudicasse, quidam non, sed iudiciali genere discernitur quid sit verum, videlicet si per se suisque opibus ablatis invadat rem, id est fiscum, alienam an miserendo pauperis.
221,13 ACCEDIT evenit.
221,15 REBUS EXTERNIS scilicet agat aliquid.
221,16 IN LAUDATIVO scilicet genere.   ESTIMATOR iudex.
221,17 NOVELLA nova.   CONTULERINT scilicet oratores.

---

11 causam agentis aliorum *conieci* caumiorum   16 deliberatio *deest Dick.*
37 novae

221,18 ARBITER   Debet namque iudex perpendere in iudicio utrum iuste an iniuste laudetur.
221,20 INTENDAMUS praesumamus usurpare.
221,21 EDICATUR opponatur.[101]
222,1 SOLA QUALITAS id est res.
222,5 FACTI NOMEN id est homicidium.
222,6 CAVENDUM declinandum.
222,10 CUI scilicet facto.   ACCEDIT appropinquat.
222,11 SI CONFESSUS scilicet fuerit.
222,12 QUAEVIS aliqua.
222,14 IURIS legis.   VERITATIS id est facti.
222,15 FALSI decepti sunt.
222,16 TRES STATUS id est an sit, quid sit, quale sit.   ALIOS scilicet status.
222,17 ESSE DIXERUNT scilicet quidam.
222,20 QUOD PROBETUR id est intencio.
[*fol. 30r. col. 2*]   **222,22** QUI scilicet status.   CONFLICTU altercatione.
222,24 PERHIBENDAE dicendae.
223,2 NOMEN ADMISSI id est "Homicidium fecisti."   AUDITORIS iudicis officium ut Verres, sed dampnandum non esse dixerit, sicut de templo Cereris.   NEQUE LEGEM   Ut lex vetabat te non ascendere murum, quando aliquis argutus homicidii reddit causas propter quas hominem trucidaverit, quae causae questiones incidentes dicuntur.
223,3 OBICI opponi.
223,4 TALIS INTENTIO scilicet debet esse.
223,6 CONIECTURA dubia interrogatio iudicis.   IUS legem.
223,9 IURE FECISSE scilicet dicebat.
223,11 VARIAS CAUSAS id est seu invadebat rem publicam.
223,12 PROBABILE bonum.
223,13 ALIA scilicet ratio fuit.
223,14 AFFECTIONE amore, desiderio.   SUCCENSUM accensum.
223,15 IN QUIBUS ASSERTIS scilicet Milonis.
223,16 SPECIES EIUS scilicet qualitatis.   PRIMA RELATIVA ut "Hominem occidi iure quia hostis erat rei publicae."
223,17 FULGET apparet.
223,18 NON IUS FACTI ut "Propter rem publicam reum interfeci."   NEGATIO APPONATUR ut "Adulterium non feci."

---

17 scilicet *m. sec.*   31 propabile   39 apponitur *corr.*

223,21 REPUDIATA omissa a viro.
223,22 STUPRATOREM ACCUSAT scilicet eum.
224,1 ADULTERII scilicet causa.   NEC FACTUM NEGAT Non dicit se non concubuisse cum repudiata femina.
224,4 FINIS scilicet est.   NON ADMISSI id est peccati commissi. SED NOMINIS scilicet adulterii.
224,5 IDCIRCO id est propter negationem.   INGESTI immissi.
224,7 POCULA vascula.
224,11 ALTA profunda.
224,12 SPECTAT aspicit.
224,13 DISPENDIUM dampnum.
224,14 IN UTROQUE id est in sacrilegio et in furto.   TRACTANDUM scilicet a iudice.
224,16 NUNC DE QUALITATE scilicet finito statu.   DICENDUM scilicet est.   CUIUS scilicet qualitatis.
224,17 PRIMO id est in primis.   DECURSA scilicet divisione.

RETHORICAE LECTOR NOSCAS HIC PLURIMA DESUNT.[102]

222,19 NUMQUAM IN PRINCIPALI quia principalem locum, hoc est principalem questionem, numquam legalis status obtinet, sed aut coniecturalis ⟨aut diffinitivus⟩ aut qualitativus status principalem obtinebit locum.
223,6 IUS FACTI id est rationem.
223,19 NON FACIET CONIECTURAM quia proprie non dicitur coniectura nisi de facto.
223,21 REPUDIATA id est reiecta.
224,3 CONIECTURA non fit nisi in negatione facti.
224,4 FINIS id est diffinitio non fit in negatione facti, sed in negatione nominis facti.
224,6 ALIUD NOMEN id est "Hominem occidi, non homicidium feci." Ideo dixit ALIUD NOMEN quia cum factum confessum fuerit, potest negari illud nomen facti ut "Homicidium non feci."
224,12 AD DEORUM ac si dixisset: Qui sacrilegium facit contra deos peccat; qui vero furtum, contra homines.

---

5 admisi *corr.*   19 aut diffinitivus *add.* J.S.   20 obtinet J.S.   27 negationem
33 furtum vero J.S.

224,18 DE RE ut diximus de facto quod agitur in contradictione. DE ACTIONE id est de persona agentis illud factum.
224,21 DISCEPTATUR disputatur.
224,23 AN ADMITTENDA SIT ACTIO ac si dixisset: Actio, id est persona, non est dimittenda quia sine ea rectum iudicium non est faciendum.
224,24 IURIS AEQUITATE id est rationis aequitate. Ideo non erit pars qualitatis actio, id est persona, sed species qualitatis.
224,26 ALIAM AUTEM QUAM HERMAGORAS Haec qualitas quam Hermagoras invenit a praedicta qualitate quae in rem dividitur et actionem segregavit et translationem vel perscriptionem vocari voluit talem virtutem habet, id est excludit aut causam aut actionem causae, id est personam causam agentem. Non enim omnis causa ab oratoribus recipit actionem nec venit in iudiciale genus nec in deliberativum nec in demonstrativum, id est laudativum, sed penitus praescribitur ut nulla actio de ea agatur, sicut persona meretricis et causa repellitur ab oratoribus.
225,4 PRESERTIM IURIDICIALIS Iuridicialis de praeterita qualitate disputat. Praecedit enim naturaliter qualitas iuridicialis quae in natura consistit. Aliter enim de rebus sive bonis sive malis, id est sive virtutibus sive vitiis, secundum naturam tractatur, [*fol. 30v. col. 1*] aliter secundum leges ab hominibus dictas et constitutas vel secundum consuetudinem populi. Sed dum de qualitate virtutis vel vitii secundum naturam consideratur, iuridicialis qualitas ab oratoribus dicitur; dum vero de eadem virtute seu vitio secundum leges et consuetudines ratio est, negotialis qualitas dicitur. Verbi gratia, virtus animi quae prudentia dicitur aliter consideratur secundum naturam quando diffinitur sic: Prudentia est virtus quae discernit a virtutibus vitia, aliter secundum legem et consuetudinem. Dicitur enim peritia cuiusdam negotii vel officii extra naturam constituta prudentia secundum legem et consuetudinem. Dum ergo diffinio naturam prudentiae, iuridicialem qualitatem appello; dum vero secundum usitatas leges et consuetudines prudentiam diffinio, negotialis qualitas est.
225,18 QUI PERTULIT qui passus est.
225,19 ORESTES Agamemnonis filius suam matrem Clytemnes-

---

10 dividitur in rem *J.S.*   16 laudatium *corr.*   18 praeteriti *J.S.* presertim
24 vitiis *J.S.*   37 Clemestram

tram interemit hac occasione quia suo consilio Agamemnon occisus est.
226,1 ORATIUS IN SOROREM quia illa voluit concumbere cum illo.
226,2 IN FACINUS in occisionem sororis.
226,4 PERCELLITUR id est ab eo qui accusatur.
226,12 AUT IPSUM FACTUM ut legatus in questorem.
226,14 AUT CAUSA ut Tiberius in Mancinum.
226,17 SUBROGATUR opponitur.
226,22 MAGNO scilicet pretio.
226,23 DECUMUS pro decimas frumenti. Nam legatus vendidit decimas frumenti quia in illa regione ad quam Verres profectus est, carum erat frumentum, et apud Romanos, vile. Propterea vendidit decimas et magnum pretium inde attulit.
227,3 AB ANIMO hoc est a voluntate quia invitus fecit.
227,11 DELITESCENTEM latitantem.
227,14 CAETERAQUE ut ruina lapidum.
227,15 EXONERAT levigat.
227,16 FLUMINIS INCREMENTIS Hoc enim casu evenit, nam dum voluit ad diem sacrum cum victimis ire, repente pluvia maxima cadente crevit flumen.
227,17 INSONTEM id est innocentem quantum ad interfectorem pertinet, quantum vero ad iudicem, non erat innocens. Non iuberet enim eum interfici si culpam non habuisset.
227,20 NIHIL CAUSATIONIS id est nullam causam quaerit ad se defendendum, sed tantum modo per preces deprecatur veniam.
227,22 CAETERAS QUESTIONES ideo hoc dicit quia ordo mutatur. Fit enim depulsio in primo loco et intentio in secundo.
227,23 INTERIUS id est in secunda voce. ADVERTANT id est animadvertant qui didicerunt demonstrationem talium. SICUT FORMET id est quo modo formet ingestio primae vocis caeteras questiones.
228,3 QUOD VOLET scilicet sit.
228,5 NIHIL INTENDIT quia vir fortis putat nullum sibi resistere, quia lex iubet viro forti premium quod volet sit vel fiat.
228,6 CONTRADICTOR INTENDIT id est maritus cuius uxorem vir fortis querit. Accusat enim fortem virum pro uxore sua quam-

---

4 occisionem *J.S.* occasionem   9 id est *J.S.* scilicet   praecio *J.S.* pretio
15 id est *ante* latitantem *add. J.S.*   16 ruinae *J.S.*   17 exhonerat *corr.*
22 ducem *J.S.*   32 subauditur *J.S.* scilicet   36 virum fortem *J.S.*

vis in secundo loco surgat ubi depulsio solebat esse in prioribus, et inde contendunt tamquam de facto aliquo vir fortis et maritus.
228,9 ACCUSANTI   In quibusdam libris AB ACCUSANTI legitur, id est a marito.
228,11 MEMORAVI id est in illo loco superiori ubi dixit INCE-DENTES VERO, QUAE, DUM TRACTATUR CAUSA, DUM ARGUMENTA VEL SCRIPTA et reliqua.
228,12 NON EADEM REGULA id est non ea regula qua primi status prorumpunt in negotiali qualitate, id est ad confirmationem vel refutationem primi status fiunt.
228,15 IN PRAEDICTA PARTE id est in negotiali qualitate. Non sic in legalibus sicut dicet in sequentibus.
228,16 TO KPINOMENON id est iudiciale genus. Nunc incipit tractare quo modo tres rationales [*fol. 30v. col. 2*] status et principales in tribus generibus inveniuntur, hoc est in iudiciali et in deliberativo et demonstrativo. Non enim inveniuntur in his tribus eodem ordine, namque ille status naturalis in quo intentio primum locum, depulsio vero secundum, in iudiciali solum modo servatur. Ideo dicit IUDICATIONE PREBEBIT PARITER RATIONEM.
228,21 ALIO LOCO id est non in primis duabus vocibus accusantis et depellentis. Ratio causae et materies iudicii queritur in fine et qualitate. "Homicidium fecisti, homicidium non feci," ecce status sed non est ibi materies iudicii sed in sequenti loco in quo aliud nomen facto imponitur, "Occidi hominem sed homicidium non feci," ibi definitur quid sit homicidium et est diffinitivus status. Dum autem addit depulsor, "Iure occidi," qualitatem inducit de qua questio erat.
228,22 RATIONEM confirmationem.
229,2 HIC ILLUD id est de hoc erit iudicium in iudiciali genere de fine et qualitate.
229,3 POSSE VERSARI id est uti defensionem. Nam in qualitate et in fine omne genus iudicum invenitur, id est iudiciale, deliberativum, laudativum vel demonstrativum, quia intentio et depulsio in qualitate inveniuntur. ESTIMATOR de secundo genere dicit.
229,4 QUAMVIS CAUSA id est sive in quacumque causa sive in tribus generibus iudicum.

---

5 218,12   6 quia *J.S.* quae   15 iudiciali *J.S.* iuridiciali   26 diffinitivus *J.S.* finitivus   30 iudiciali *J.S.* iuridiciali

229,10 ORATOR id est defensor.

229,12 RATIONALES proprie dicuntur iuridiciales.[103] ARGUITUR Accusator sola verba legis considerat, reus virtutem, id est quia hostem deiecit.

231,4 CULLEO   Culleus dicitur pellis tauri in quam consutam mittitur reus vel rea. Hoc genus sic efficitur: taurina pellis depilata circa ungulas consuitur et mittitur ibi solus reus et datur ei cultellus et pulmentarium et postea ex omni parte concluditur ne aqua ibi possit intrare et portatur quasi per unam leugam in mare cum vento et proicitur postea in mare et de quacumque parte ventus sufflaverit cum vento portatur.

231,6 QUI SUASIT TIRANNO ac si dixisset: Qui suasit tyranno deponere dominatum, id est ut non sit tyrannus, si praemium quaerit, quasi tirannicida fuisset.

231,16 MAGISTRATUS aut proprium nomen est aut dux illius officii, id est magistratus.

231,20 DISCUTITUR diffinitur.

231,24 DECURSIS CONSTITUTIONIBUS   Constitutio proprie dicitur coniectura, id est contentio de facto, et in iudiciali genere fit. CONTROVERSIAS id est altercationes de honestate vel necessitate in deliberativo, de laude vero vel vituperatione in demonstrativo. Ergo in primo genere de facto disputatur, in duobus aliis de incidentibus statibus disputatur maxime, et in illis inveniuntur tres status, id est coniecturalis, diffinitivus, qualitativus, sicut in iudiciali, quamvis de facto, non sint controversiae.

232,1 TRIA GENERA aut iudicum aut statuum.

232,3 QUALITATEM NEGOTIALEM CONSISTERE id est quidam putant non esse aliam qualitatem in deliberativo nisi negotialis qualitas quae extra naturam invenitur. Negotialis enim, ut praedixit de futuris disputat, sicut iuridicialis de praeteritis.

---

19 iudiciali *J.S.* iuridiciali   25 iudiciali *J.S.* iuridiciali

NOTES

Page 1. 1 This derivation came originally from Varro as quoted by Lactantius (*Inst. div.* 1.6), but the many later compilers who used the etymology probably took it from Isidore's version.

2 *Deiphebam* may not represent simply a scribal error for Virgil's *Deiphobe*. Ausonius (*Epigr.* 19.6) follows Virgil, but at least one of the Servius manuscripts had *Deiphebe*, for which Dunchad may have given the Latin form.

3 In *Ecl.* 5.1 Virgil mentions the shepherd Mopsus. There seems to be no authority for suggesting that Amphiaraus too was a shepherd.

4 Here Dunchad misunderstands his author. Martianus had *a medietate vero aëris usque*, but Dunchad glosses HUC USQUE *ad medietatem aëris* which does not make sense.

5 The arbitrary abbreviation *d.u.q.u.* has been expanded to agree with Dick' *domorum urbiumque*.

Page 2. 6 Cf. page xxvii.

7 Cf. page xxix.

8 This is a good example of the way Dunchad forces meaning into a corrupt text instead of making an attempt to emend it. Dick conjectures *tristes* for the meaningless *triptes* of the vulgar text. Dunchad tries to connect it with *trepidus* or with *tris*.

9 Cf. page xxvii.

10 Cf. page xxii.

Page 4. 11 Cf. page xxvii.

12 Although CYBELEA appears as CYBELEI and the second CYBELEA as CYBELES in the manuscript and the reading is supported by several Martianus manuscripts, they have been changed to make them grammatically correct. Cybele is here identified with Venus.

13 I can find no explanation for the identification of *feles* with *damma* or *simia*.

14 Cf. page xxvii.

15 The word *amphicirca* is the Latinized form for ἀμφίκυρτος.

Page 5. 16 Possibly Dunchad had in mind Isidore's statement: Penates dicti, quod essent in penetralibus, id est in secretis (8.11.99). Essentially the same definition appears in Rhabanus Maurus, *De universo* 15 (*PL* 111.434).

17 Cf. page xxix.

18 Cf. page xxvii.

19 Cf. page xxvii.

Page 6. 20 Dick has *nepa a* which Dunchad considered all one word.

21 John the Scot has *ipse est Novembris quia tum est sol in Scorpione*. Both Bede and Rhabanus Maurus equate *Gorpeios* with September. Cf. page xxiv.

22 A poor text is partly responsible for Dunchad's guess at this gloss. Cf. Professor Rand's discussion of the same word in John the Scot in "How Much of the *Annotationes in Marcianum* is the Work of John the Scot?" (*TAPhA* 71 [1940] 508.)

23 Cf. page xxvii.

24 Cf. page 57.

Page 7. 25 This derivation of *Olimpus* from ὀλολαμπής, taken from Isidore or Servius, came originally from Aristotle's *De mundo* 6.30 (400a7).

26 Cf. page xxvii.

Page 8. 27 The *phylosophi* are usually the Neoplatonic philosophers with their doctrine of νοῦς, ψυχή, λόγος. Cf. Macrob. *Comment. in Somn. Scip.* 1.14.3-9.

28 Dunchad seems to have kept the Greek spelling here, following Macrobius whom he is quoting.

29 Dunchad makes a rather ingenious interpretation out of a poor manuscript reading. Dick has emended the word to *Lyceum*.

Page 9. 30 Porphyry is being quoted at second hand through Augustine.

31 Professor Rand (*op. cit.* [see note 22] 509 f.) has discussed this passage at some length.

32 Cf. page xxvii.

33 These are the Neoplatonists who were interested in astrology.

Page 10. 34 Although the period of Saturn was usually reckoned as thirty years, Fulgentius (*Mit.* 1.18) gives it as twenty-eight.

35 Cf. page xxvii.

36 Here again, instead of emending a poor text, Dunchad works out an ingenious derivation. He thinks of the word *liturgus* (λειτουργός) as coming from some forms of λύω and ἔργον, but a few lines below he speaks as if he thought it came from λήθη and ἔργον.

Page 11. 37 Dick's reading ἐπένεικα seems to be a textual error for ἐπέκεινα. Dunchad's ΕΠΙΧΙΝΑ has been emended to that. John the Scot defines it as follows: Ἅπαξ Pater, δίς Filius, ἐπέκεινα substantialis et consubstantialis amborum, unum et duo et tria; unum principium a quo duo; principium per quod tria omnia; principium medium et finis. Martianus' terminology for the Neoplatonic Triad is that of the Chaldean Oracles. Cf. G. Kroll, " De Oraculis Chaldaicis," *Breslauer Philologische Abhandlungen* 7.1 (1895) 16f. and G. R. S. Mead, *The Chaldean Oracles* (London, 1908) 1.43–45.

Page 12. 38 Martianus' *Apotheosin* is taken to be two words, and the definition of *apotheos* appears to be a guess from the context.

39 It is unusual to name three signs in which the circle of the ecliptic and the Milky Way intersect. He may have thought of one point of intersection as lying on the dividing line between Cancer and Sagittarius, though actually it should be in Sagittarius.

40 Dunchad must have in mind the intersections of the Milky Way with the projected circle of Jupiter which would, of course, be the same as for the ecliptic, that is in Gemini and in Sagittarius.

41 Possibly Dunchad mistook *Linum* for an adjective.

42 The identification of Plato and Archimedes with astrologers would indicate something of the bent of Dunchad.

Page 13. 43 There are a number of inaccurate identifications of historical personages like Thales whose names one would have expected Dunchad to know.

44 *Samius* seems to have been misunderstood for an inhabitant of Samnium, hence the identification *Beneventanus*.

45 The reading *caelestes quosdam numeros replicabat* incorrectly taken with *Aristoteles* may account for the identification.

46 Aristotle's ἐντελέχεια, *actuality* (*De An.* 2.1), is quite a different word from ἐνδελέχεια, *continuity*, but Cicero confused the two when he said (*Tusc. Disp.* 1.10.22), et sic ipsum animum ἐνδελέχειαν appellat novo nomine quasi quandam continuatam motionem et perennem. Although Macrobius (*Comment. in Somn. Scip.* 1.14.19) and Tertullian (*De An.* 32) speak of Aristotle's *entelechias*, yet the confusion of the two words persists. In all the manuscripts of Martianus Capella the word appears as *Endelichiam* which Dick rightly emended to *Entelechiam*. Both John the Scot and Dunchad keep the poor reading *Endelichiam*. In Bede (*Mundi constitutio*, PL 90.902) one reads: Aristoteles vero vocabat eam (animam) endelechiam, id est formam animati corporis. Cf. Chalcidius, *Comment. in Timaeum* 219 (F. Mullach *Frag. Phil. Graec.* 2.227).

47 Dunchad seems to have forced these identifications out of the context.
48 Cf. page xxvii.
Page 14. 49 Cf. page xxvii.
Page 15. 50 Cf. page xxvii.
51 This exaggerated claim may have come from some simple statement such as Isidore's (*Etym.* 1.6.1): Partes orationis primus Aristoteles duas tradidit, nomen et verbum; deinde Donatus octo definivit. Sed omnes ad illa duo principalia revertuntur, id est ad nomen et verbum, quae significant personam et actum.
52 The manuscript reading *Agellius* should, perhaps, have been kept, for it was by that name that he was known throughout the Middle Ages.
53 The first part of the quotation, without mention of the author, is also given by Macrobius (*Sat.* 1.5.16).
Page 16. 54 Cf. page xxvii.
55 Martianus Capella was the first writer who personified the seven liberal arts, and his description of their appearance was accepted and passed on by the poets of the Middle Ages (Cf. Theodulphus' *De septem liberalibus artibus in quadam pictura depictis* and Alanus de Insulis' *Anticlaudianus*). Although the *De nuptiis* inspired almost all the artistic representations of the arts, and served to set the general types, yet "more austere than poets, the sculptors and painters stripped from the Arts of Martianus Capella their superfluous ornament and discarded all but essentials." (E. Mâle, *Religious Art in France in the Thirteenth Century*, translated by D. Nussey [N. Y., 1913] 83.) Thus Dialectica retains only her serpent, as one sees in the representation on the porch of the cathedral at Auxerre (reproduced by Mâle, page 84, figure 42). "Exceptions to this are rare, but it should be mentioned that in the old west porch at Chartres she carries a scorpion. For some reason Alanus de Insulis also substitutes the scorpion for the serpent." (Mâle, 84.) Künstle (*Ikonographie der Christlichen Kunst* [Freiburg, 1928] 1.147) describes a representation of Dialectic in the manuscript of Herrad of Landsberg's *Hortus deliciarum* in which she has the head of a dog in her left hand. He reproduces the famous life-size statues of the arts at the Freiburg Minster (figure 38, page 151). There Dialectic has lost her attributes and she simply lays two outstretched fingers of her right hand on the palm of her left hand as she enumerates the points of her argument.
Page 18. 56 This may be a scribal error for *divinus*, although Prudentius and Festus use *divus* as an adjective.
57 This is, of course, a guess from the context. John the Scot made a similar statement: Parmenidis locus ubi Parmenes philosophus fuit et initia huius artis repperit.
58 By their misrepresentation of the text at this point, John the Scot, Dunchad, and Remigius started a legend of the rock of Parmenides which eventually crystallized into a symbol of dialectic. Cf. R. Klibansky, "The Rock of Parmenides," *Mediaeval and Renaissance Stud.* (London, 1943) 1.178–186.
59 Cf. page xxvii.
60 Martianus' *ceryceo* must certainly mean a herald's staff, and represent a transliteration of κηρυκείῳ. Dunchad's *kyrriceo* which represents a poor manuscript reading is understood by him to come from the adjective κυριακός. John the Scot saw the relationship to κῆρυξ, but calls *ceryceum locus quo populo praedicatur*.
61 Mention of *Psilli* in connection with the *Marsi* may indicate that the gloss was derived from an earlier commentary in which the author used some of the information about these two peoples as it is found in Aulus Gellius (*Noct. Att.* 16.11). Commenting on the same passage in Martianus Capella, John the Scot, probably following Pliny (*H.N.* 7.2.14), says, MARSICA enim gens est quae suos infantes inter serpentes ponunt et si illorum fuerint, serpentes nihil illis nocent. Later in the commentary (334, 1), glossing *Psilli*, he says, incantatores serpentium.
Page 19. 62 Cf. page xxvii.

63 Cf. page xxvii.

Page 20. 64 Cf. page xxvii.

65 Cf. page xxvii.

66 Cf. Dick 211, 11–19. Although in mediaeval poetry Rhetoric is pictured as an armed maiden, in art "except in a solitary thirteenth century manuscript (Bibl. Sainte-Geneviève, MS. No. 1041–2, fo. 1, vo.) she never appears with the helmet, lance, or shield. The Rhetoric at Laon, whose right arm is broken, may have carried a spear, but it is more likely that she is making some eloquent gesture. It is in this attitude she most often appears when she writes on her tablets, as in the rose-window at Laon" (Mâle, *op. cit.* [note 55] 84). Künstle describes a representation of Rhetoric in the manuscript of Herrad of Landsberg's *Hortus deliciarum* in which she is holding a diptych and stilus. He reproduces the Freiburg Minster statue (*op. cit.* [note 55] 151, fig. 38) which represents Rhetoric holding a lump of gold bullion in her two hands "weil grosse Redner *Goldmund* genannt wurden." A concise general discussion of the artistic portrayals of Rhetoric is given in the introduction of H. Caplan's "Classical Rhetoric and the Mediaeval Theory of Preaching" *CPh* 28 (1933) 73f. For a comprehensive treatment of the representation of the seven liberal arts, cf. R. van Marle, *Iconographie de l'Art profane au Moyen-Age et à la Renaissance* 2.203–279. The famous Landsberg miniature is reproduced on page 206 (fig. 231).

Page 21. 67 This lemma and gloss on a text which makes no mention of *Adon* (it does not even represent a rejected reading) would seem to hark back to an earlier commentary of which both Dunchad and John the Scot availed themselves. Dunchad's gloss is too condensed to be of any use, but John the Scot reads:

> CATAMITUS dilectus Opis. Sic Adon dilectus Veneris dicitur. Nam et Venus ipsa est Ops, id est terra, ideo Catamitus et Adon solem significant. Quando enim ad inferiora descendit sol, Catamitus vocatur, id est incumbens; quando ad superiora aquilonis et superficiem terrae viridem facit, Adon vocatur, id est delectans.

68 This quotation does not appear in the extant works of Julius Severianus.

Page 23. 69 The author of the commentary on Boethius published by E. T. Silk ("Saeculi Noni Auctoris in Boetii Consolationem Philosophiae Commentarius," *PMAAR* 9 [1935] 208) says:

> Philosophi dixerunt animas caelestis naturae esse et antequam veniant ad corpora peritiam omnium artium habere; postquam vero corpora susceperint, eorum societate illas gravari nec vim suam posse exercere, nisi ea quae naturaliter scierant a magistro extrinsecus audita recordarentur. Quibus primo consensit beatus Augustinus asserens omnem scientiam animae naturaliter insitam. Sed iterum ostendit in libro Retractationum nihil ex se scire naturaliter neque dicere posse nisi Dei dono fuerit ei attributum.

The original passage of Augustine here referred to is found in the *De Trinitate* 12.15.24 (*PL* 42.1011–12). It is refuted twice in the *Retractationes* 1.4.4 (*PL* 32.590) and 1.8.2 (*PL* 32.594). John the Scot expresses his opinion as follows:

> **170, 14** PERCEPTE ARTES dicuntur quia communi animi perceptione iudicantur, ideo perceptae artes liberales dicuntur quoniam propter semet ipsas adipiscuntur et discuntur, ut in habitum mentis perveniant; et dum perveniunt ad habitum mentis antequam perveniunt, ipse disciplinae sola ipsa anima percipiuntur nec aliunde assumuntur, sed naturaliter in ipsa anima intelliguntur. Mechanice enim artes non naturaliter insunt sed quadam excogitatione humana.
>
> **171, 10** . . . Quaeritur autem cur praedicte liberales discipline passibiles qualitates non sunt. Ea ratio est quia liberales disciplinae naturaliter insunt anime ut aliunde venire non intelligantur, et ideo an animum non afficiunt.

70 This quotation from *Acts* 17.28 seems to have no connection with the text. It may have come from an earlier commentary where there were connecting remarks to make it pertinent, or it may be the private remark of the scribe.

NOTES

Page 25. 71 It is unusual to find the two spellings, *definitio* and *diffinitio*, in Dunchad, for he commonly uses the former. On the other hand, John the Scot uses *diffinitio* almost exclusively.
72 Cf. page xxvii.
73 Cf. page xxiiif.
Page 26. 74 Cf. page xxvii.
Page 27. 75 Cf. page xxvii. Boethius (*Commentarii in librum Aristotelis* Περὶ 'Ερμηνείας 2.10 prima editio, and *In Porphyrium Dialogus* 1.13 (*PL* 64.13) uses this definition.
76 I have been unable to locate this quotation.
77 Cf. page xxvii.
Page 28. 78 As far as I know there is no parallel for this unusual way of explaining why there is no opposite of a *substantia*.
Page 30. 79 Cf. pages xvii, xviii, and note 69.
80 Cf. page xxvii.
Page 31. 81 Dunchad is here referring to Aristotle's Περὶ 'Ερμηνείας, although the subject of opposites is not considered in the treatise. Here, it seems to me, the scribe has incorporated a marginal comment which belonged to a later passage.
Page 33. 82 Cf. page xxvii.
Page 35. 83 Cf. page xxvii.
Page 37. 84 This is the only instance where a meter is identified. Here Dunchad was probably using a gloss on his manuscript. The manuscript A had added to its text: Exametrum anapesticum recipit dactilum et spondeum et dactylum pro anapesto. John the Scot has *metrum anapesticum*.
85 Cf. page xxvii.
Page 38. 86 In addition to mistaking the identity of Ephialtes, Dunchad makes the word plural, perhaps on the analogy of *Amnes* and *Napeae*.
Page 39. 87 Cf. page xxvii.
88 Possibly the definition of *Achademici* as *dubie respondentes* comes from a remark of Isidore (*Etym.* 8.6.11): Hic omnia incerta opinantur; sed sicut fatendum est multa incerta et occulta esse, quae voluit Deus intelligentiam hominis excedere, sic tamen plurima esse quae possint et sensibus capi et ratione comprehendi. All the compilers, like Isidore, stress the fact that the Academics were unwilling to be dogmatic, that they preferred to suspend judgment, and that they assumed a sceptical attitude. Cf. Lactantius, *Inst. div.* 1.6.1 and 3.7.10, Augustine, *De civ. dei* 4.30, Rhabanus Maurus *De universo* 16 (*PL* 111.414).
Page 40. 89 Cf. page xxvii.
90 Cf. page xxvii.
91 Martianus had quoted the *Iliad* 11.654 δεινὸς ἀνήρ· τάχα κεν καὶ ἀναίτιον αἰτιόῳτο. The manuscript readings were all poor, but Dunchad forced some meaning, though quite a wrong one, into the hopeless set of words. The first word is ΑΙΝΟΣ in the manuscript. It may be the poetic αἰνός for δεινός. It is glossed *scla* which I have expanded into *scelera*. Since, however, the normal expansion of *scla* would be *saecula* the first word may have seemed to Dunchad to be αἰῶνος. τάχα κεν appears as TA KAKH. ἀναίτιον is read as a participle ΑΝΑΤΑΩΝ and αἰτιόῳτο is the impossible CPATIΩ. John the Scot must have been using a different manuscript of Martianus Capella, for he gives a translation, such as it is: Pestis vir articulus mala et contraria fecit.
92 The corrupt manuscript reading *Sosantios* which Dick could not emend was obviously beyond Dunchad who tries to straighten out the difficulty by saying that it is an accusative singular to match *Regulum*.
93 A gloss similar to this occurs in John the Scot. Cf. the note on the Πέπλος of Theophrastus in the Appendix of the *Annotationes in Marcianum*. Another reference

to the Peplos Theophrasti has recently been discovered in a Bodleian manuscript, *Auct. T.* II 19, fol. 7ᵛ. Cf. L. Labowsky. "A New Version of Scotus Eriugena's Commentary on Martianus Capella," *Mediaeval and Renaissance Stud.* (London, 1943) 1.189f.

Page 41. 94 The abrupt ending of this sentence is noticeable in view of the care which Dunchad usually takes to make smooth clausulae.

95 This mistaken explanation of Martianus' statement that Rhetoric has two types of followers, the practical orators and the writers on rhetorical theory, may have been conditioned by an interlinear gloss. He goes on to equate *cognoscentum* with *philosophorum*.

96 Cf. page xxvii.

97 The individual style of this sentence makes me think that it is Dunchad's own statement, rather than a definition taken from elsewhere. The use of the uncommon word *inchoamentum*, which occurs in Dunchad three times though it is seldom used by anyone else, would substantiate this idea. If it is his own, it is a very strong expression of his appraisal of the arts.

Page 42. 98 This idea seems to have been taken rather inexactly from Isidore. Cassiodorus also expresses this notion (*Inst.* 2.3.20, Mynors 130):

> Inter artem et disciplinam Plato et Aristoteles, opinabiles magistri saecularium litterarum, hanc differentiam esse voluerunt, dicentes artem esse habitudinem operatricem contigentium, quae se et aliter habere possunt; disciplina vero est quae de his agit quae aliter evenire non possunt.

99 Cf. page xxvii.

100 The words *thesis, infinita questio* may have been repeated from above (217, 5).

Page 45. 101 Dunchad here misunderstands his text.

Page 46. 102 The material from this point on is copied from the commentary of John the Scot.

Page 50. 103 The scribe tends to confuse the words *iudicialis* and *iuridicialis*. One notices an interesting difference in this respect in the way the scribe who copied the same part in the John the Scot manuscript fell into error. Certainly John the Scot, whose work this last part is, knew that *iudicialis* was applied to the *genus dicendi* and *iuridicialis* was one of the *qualitates*.

APPENDIX I

Relation of Dick's Text of Martianus Capella to That Known by Dunchad

Four references in Dunchad's glosses suggest that he had access to more than one manuscript of his author, or at least to a manuscript with interlinear variants. At 72,17 Dunchad glosses a hopelessly confused portion of the text which Dick marks with a dagger and describes as a *locus desperatus*, but which he emends to *genitalis*. In the apparatus he gives the rejected readings *nital* (*amital* λl, *nitale* L'B' *nitalẽ* M). Dunchad reads: NITAL Quidam codices habent nitale. At 79,8 he gives the lemma COMPEXERAT vel CONSPEXERAT. At 155,6 Dunchad gives the lemma GRAIA vel GRAIOS. Dick accepts the reading GRAIA and notes the following variants: *graios* rMγ, *graio* F', *gratiam* β. At 154,2 Dunchad reads: ACRIORES sagaciores vel ACRIORE scilicet Bromio. Dick has *acriorem* and cites the variants: *acriorem* βALR'B'Fγ *acriore* b *acriores* rM.

Manitius[1] first made the valuable observation that Dunchad must have used a different manuscript of Martianus Capella from the one which John the Scot used. He quotes John's reading at 72,17 which is AMITAL ros. At 74,9 Dunchad has the lemma ISEUM: John has IPSIUS. There are a large number of cases of variations in orthography which could be laid to the hand of the scribe. The quotation from the *Iliad* (213,11) was corrupt in all manuscripts. John the Scot's attempt at a translation: Pestis vir articulus[2] mala et contraria fecit, would appear to have been different from the one which Dunchad was following in his gloss: ΑΙΝΟΣ scelera, ΑΝΗΡ vir, ΤΑ ΚΑΚΑ mala, ΚΑΙ et, ΑΝΤΑΩΝ superans, ΣΤΡΑΤΙΩΤΑΣ milites.

[1] Cf. *Geschichte der lateinische Literatur des Mittelalters*, 1.526.

[2] The correct reading for this word which appears as a suspension in the manuscript has been suggested by Miss Lotte Labowsky, who has also given a very satisfactory explanation of John the Scot's reasoning in writing the gloss. Cf. "A New Version of Scotus Eriugena's Commentary on Martianus Capella," *Mediaeval and Renaissance Stud.* (London, 1943) 1.191 f.

Until more work has been done toward establishing the stemmata of the Martianus manuscripts, it will be impossible to make more than general observations on the relationship of the text used by Dunchad to the text tradition. The manuscripts collated by Dick are all later than the time of the commentary.[3] In Dunchad some forty readings which are not merely orthographical errors differ from the text of Dick and are supported by none of the manuscripts used by Dick. In about one hundred and twenty-five instances lemmata of Dunchad disagree with the text of Dick but are supported by manuscript readings rejected by Dick. In general, in such cases, the text of Dick rests upon the tradition represented by **A** or β, while the text of Dunchad tends to follow **L** and **M**. There are, however, so many exceptions that one could draw no conclusions.

Attention has already been called to the fact that many lemmata differ from the readings of Dick in that words in the text in oblique cases are given by Dunchad in the nominative, often as the subject of a sentence.[4] This may be a purely stylistic feature, but it also suggests the possibility that the copyist may have been working from marginal or interlinear glosses. A number of these are quoted below:

Dick 210,12 Phlegrae	Dunchad PHLEGRA civitas Macedoniae antiqua Gigantum bellorum immanitate ⟨famosa⟩.
215,5 fatis	FATUM dicitur nexio causarum secundum meritum suum.
208,19 sophismata	SOPHISMA est falsa conclusio.
209,1 soritas	SORITA[5] est proprie cumulus arenarum.
220,9 auditoris	AUDITOR dicitur iudex.
155,14 radio	RADIUM est virga geometricalis.
158,5 Catamitum	Adon et CATAMITUS nobilissimi fuere pueri.

On the other hand, to oppose a theory that the copyist was working from an annotated text, one might present the following:

---

[3] Cf. Appendix II.
[4] Cf. page xxvii.
[5] In his Glossarium, Du Cange cites an example of the use of *sorita* instead of the usual *soritas* (*Glossar. vet. ex Cod. reg.* 7613).

Dick 153,9	Gorgo	Dunchad GORGONES tres fuere Stenno, Euriale, Medusa.
69,19	lectica	Per LECTICAM Phylologiae corpus omnium ratiotinantium significatur.
70,7	Eleusina	Per ELEUSINAM aeternum splendorem.
151,6	Aristoteles	Ante ARISTOTELEM ignorabant homines nomina rerum.
70,7	sistra	Per SISTRA NILIACA fontes omnium fluminum.

Several variants from Dick's text which are not supported by manuscript readings suggest error arising from an auditory transmission. In this group one might mention *simplerasma* (157,5; 197,25) and *conibens* (73,8).

In contrast to John the Scot who apparently believed that, at least to a small degree, textual criticism lay within the province of the commentator,[6] Dunchad seems to have made no attempt at emending his text. Rather, he used his ingenuity in forcing some meaning into a corrupt text.[7]

Two glosses from the Dunchad commentary have crept into the text of at least one Maritanus manuscript. At 75,14, glossing *circum*, Dunchad has *id est Iovialem*. **D** has added *iovialem* after *circum*. Although **D** belongs to the eleventh century, it has older scholia.[8] At 160,5 *eidem* is glossed *scilicet formae*. *Formae* appears in the text of all but **R'B**. At 205,7 Dick reads *sic⟨ut sextus⟩*. Dunchad has SIC id est sicut sextus.

In spite of the many textual differences between Dunchad and Dick, there are only two instances of better readings in Dunchad. At 67,13 Dick has *Cym⟨a⟩ea* following the consensus of manuscripts. Dunchad has *Cumana*. At 208,6 Dick has *caligosa*, while Dunchad has *caliginosa*. Dick is supported by all the manuscripts except λ. Although at least one late writer, Fortunatus, uses *caligosa*, it would seem as if the more usual *caliginosa* was the better reading.

[6] Cf. *Annotationes in Marcianum*, xiv.
[7] Cf. 68,16; 69,9; 71,5; 71,23; 187,15.
[8] Cf. Dick, xviii.

APPENDIX II

Note on a Manuscript of Martianus Capella

In preparing his excellent edition of Martianus Capella, Dick accomplished the Herculean feat of analyzing the numerous manuscripts by dividing them into two general classes and establishing a good text on the basis of several of the better group. His skill in textual criticism is attested by the fact that although he had only manuscripts of the tenth century or later, no better readings are furnished by the lemmata in the ninth century commentaries of John the Scot and Dunchad. It is not, then, with the purpose of pointing out inadequacies in Dick's text that I make particular mention of a hitherto unnoticed Martianus manuscript, but rather to suggest a clue for the eventual systematization of the manuscripts.

Naples MS. IV. G. 68, a product of St Gall of the second half of the ninth century, was called to my attention by Professor Silk who has described the codex in a recent article, "Notes on Two Neglected Manuscripts of Boethius' *Consolatio Philosophiae*" (*TAPhA* 70 [1939] 352–356). One section of the manuscript (fol. 208r–231v, with two folios numbered 218) contains the text of the fourth book of Martianus Capella. Like the rest of the manuscript, the text of Martianus is written in a clear hand of the latter half of the ninth century. Occasional corrections were made by the original scribe, but the many interlinear glosses, variants from another line of tradition, and marginalia are in a similar, though very small and slightly ornate hand. The long *incipit* and the headings for subdivisions throughout are written in capitals. This text is significant for three diverse reasons. In the first place, along with the lemmata from Martianus given in the commentaries of Dunchad and John the Scot, it furnishes the only picture of the text as it was a century before the manuscripts used by Dick were written. Another claim for recognition lies in the fact that it has twelve interlinear glosses taken from Dunchad. Finally, the text seems to represent a kind of "missing link" between the two groups of manuscripts as classified by Dick.

The importance of a manuscript earlier than those upon which the established text is based, even if it furnishes no spectacular new readings, is obvious. The presence of twelve interlinear glosses from Dunchad, all between 151,17 and 157,2, bears witness to the immediate usefulness of Dunchad's commentary, but it raises the question why its use was at once so limited and so concentrated.

Of the manuscripts used by Dick, *Monacensis 14401* (**F**), a work of the tenth or eleventh centuries, containing only Book IV, appears to be most closely related to the Naples manuscript (**N**). The text of **N** does not continue quite to the end of the fourth book (210,5), but has FINITA written before the last two metrical interludes (208,7). In the original text of **F**, EXPLICIT appeared at the same point, but the remainder of the book was written in a later hand. There is a close agreement between **F** and **N** as opposed to the corrections and variants in **N**. Since the few cases of slight disagreement with **N** could be explained as scribal errors, it is not impossible to consider **F** a direct descendant of **N**.

Dick has listed the following manuscripts of the better group in the order of their integrity: *Bernensis 56b* (β), *Leidensis 36*(**A**), *Leidensis 88* (**Λ**), *Leidensis 87* (**L**), *Reichenauensis*, now *Caroliruhensis LXXIII* (**R**), and *Bambergensis 39* (**B**). He has cited only *Monacensis 14729* (**M**) as preserving the best tradition of the inferior group. All of these have the complete text. Although **M** was not written until the twelfth century, it follows the tradition of **N** surprisingly closely. In many instances **N** and **M** alone coincide while all the others (except **F** in Book IV) present different readings. **M** and **N** usually agree in the omission or addition of words to the vulgate text. **M** sometimes has incorporated into its text words which were glosses in **N**. In a significant number of instances **N** and **M** agree in giving a reversed word order from that of Dick's text.

Strangely enough, Dick himself did not notice this pronounced tendency in **M** to reverse the normal word order, but he considered it one of the distinguishing features of **Λ**, a very important manuscript of the better class which shows an Irish origin and departs frequently from the rest of the group. There are twice as many instances (the same ones and as many more) of reversed word order in **M** and **N** (which has even more) as in **Λ**. Also in the matter of words added to or omitted from the text of Dick, **A** agrees remarkably well with **M** and **N**. Variant readings from the superior class, particularly from β and **A**, are regularly supplied interlinearly in **N**. It is evident from these general observations that there is a connection between the two families of manuscripts and that **N** belongs somewhere in that intermediary tradition.

INDEX NOMINUM ET LOCORUM

Achademia, 39
Achademici, 39, 55
Adon, Adonis, xiv, xxi, xxv, 9, 21, 54
Aegiptii, Egyptii, Egiptii, 5, 8
Aegiptus, Egiptus, xiii, 4, 8, 18
Africa, 18
Agamemnon, 47, 48
Agellius, *see* Aulus Gellius
Alain de Lille, Alanus de Insulis, xiii, 53
Alcuin, xxvi
Amnes, 38, 55
Amphiaraus, 1, 51
Anthias, 6
Apollo, Delius, Phoebus, xiii, xiv, xxi, 8, 9, 12, 16
Arcas, *Mercurius*, 42
Archimedes, 12, 52
Archisilas, xxix, 13
Aristoteles, Aristotle, xiii, xv, xvii, xviii, xxvi, 13, 15, 51, 52, 53, 55, 56, 59
Aristoxenus, 12
Arithmetica, 20
Astrea, 5
Athenae, 16
Athlantiades, *Maia*, 6
Attica, 18, 19
Attis, xxi, 8
Augustinus, Augustine, xv, xviii, xxi, xxv, 9, 23, 27, 30, 52, 54, 55
Aulus Gellius, Agellius, xxv, 15, 18, 53
Aurora, 14
Ausonius, 51
Auxerre, 53

Baldwin, C. S., xiv
Beda, Bede, xxi, xxiv, xxv, 6, 51, 52
Bellona, Duella, 38
Berecinthia, 8
Biblios, 9
Boethius, xxiv, xxvi, 54, 55
Bromius, 18, 19, 57

Cancer, 12, 52
Caplan, H., 54
Capricornus, 12
Carneades, 15
Cassiodorus, xv, xvii, xxiv, xxvi, 16, 42, 56
Castores, *Gemini*, 12
Catamitus, 21, 54, 58
Catilina, 40
Cecropidae, *Graecae*, 37
Cecropis, 19
Ceres, 45

Chalcidius, 52
Chartres, 53
Christus, xxii, xxiii, 25
Cicero, Tullius, xv, 22, 23, 26, 27, 28, 32, 39, 40, 52
Clues, xxix, 20
Clytemnestra, 47
Corbie, xi, xxvii
Crates, xxiii
Crisippus, 15
Critolaus, 15
Cumae, 1
Cybele, *Venus*, 51
Cyllenius, *Mercurius*, 14

Deipheba, Deiphobe, 1, 51
Delius, *Apollo*, 12
Democritus, 13
Deus, 27, 55
Dialectica, Dialectic, xvi, xvii, 15, 16, 18, 19, 20, 31, 36, 53
Diana, Dictinne, Latoia, 4, 14
Dick, A., xix, xx, xxx, 1, 16, 25, 27, 31, 32, 37, 41, 43, 51-62 *passim*
Dictinne, *Diana*, 4
Dictinnus, 4
Diogenes, 15
Dis, *Pluto*, xiii, 8
Donatus, 53
Dreyer, J. L. E., xx
Du Cange, C. D., 58
Duella, *Bellona*, 38
Dunchad, xi-xxx *passim*, 51-61 *passim*

Egiptus, *see* Aegiptus
Endelechia, Endelichia, xxix, 13, 52
Entelechia, 52
Ephialta, 38
Ephialtes, 55
Epicurus, 13
Erigone, 5
Eritra, 1
Eschines, 40
Esposito, M., xi
Euriale, 18, 59

Fabricius, xxiii, 40
Facundia, 5
Fauni, xiii, 3
Festus, 53
Fones, 3
Fortunatus, 59
Freiburg, 53, 54

Index Nominum et Locorum

Fronesis, see Phronesis
Fulgentius, xii, xix, xxv, 8, 52
Fura, 2
Furinna, 2

Gemini, Castores, 12, 52
Genii, 3
Geometrica, 20
Gigantes, 37, 58
Glaucus, 1
Goetz, G., xxiv
Gorgones, 18, 59
Gorpeios, xxiv, xxix, 6, 51
Gradivus, *Mars*, 12, 38
Graecae, Cecropidae, 16, 37
Graeci, Greci, xxiv, 40, 41
Grammatica, 19, 20
Guillaume de Conches, xiii

Halm, C., xv
Hemithei, 1
Hera, 1
Heraclitus, 13
Hercules, 38
Hermagoras, 47
Herrad of Landsberg, 53, 54
Homerus, 12
Horatius, Oratius, Horace, xxiii, 48
Hortensius, Ortensius, 42
Howell, W. S., xvii
Hyginus, xxi
Hymen, Ymen, 35

Intemperiae, 2
Iovis, Tonans, xiv, 3, 4, 7, 8, 9, 12, 36, 38
Iseus, *Serapis*, 8
Isidore of Seville, Isidorus, xii, xiii, xiv, xvii, xix, xxi, xxiv, xxvi, 7, 29, 30, 39, 42, 51, 53, 55, 56
Isis, 8
Italia, 8, 18
Iuno, xiv, 3

John of Salisbury, xiii
John the Scot, xi, xii, xiv, xxi, xxii, xxiii, xxiv, xxvi, xxvii, xxviii, xxx, 37, 46–60 *passim*
Jupiter, xix, xx, 52

Klibansky, R., 53
Kroll, G., 52
Künstle, K., 53, 54

Labowsky, L., 56, 57
Lactantius, 51, 55
Laistner, M. L. W., xii, xxi
Laon, xi, xxviii, 54
Lares, 1, 2
Larvae, 2
Latini, Romulei, 19, 40, 41

Latium, 8
Latoia, *Diana*, 14
Lemures, 1
Leo, xx, 7, 22
Liber, 12
Libiae, Libies, Africa, 9, 18
Libies, *Libiae*, xxvii, 9
Liebeschütz, H., xiii, xxx
Lindsay, W. M., xxviii
Linus, 12, 52
Luna, 1, 10

Macedonia, 37, 58
Macrobius, xiii, xxi, xxv, xxix, 8, 9, 51, 52, 53
Maia, Athlantiades, 6
Maiugena, *Mercurius*, 35
Mâle, E., 53, 54
Mancinus, 48
Manes, 1, 2
Maniae, 2
Manitius, M., xi, xxiii, xxx, 3, 10, 57
Mantuanus, *Virgilius*, 12
Mantuona, 2
Marle, R. van, 54
Mars, Pirois, Gradivus, xiii, xix, xx, xxii, 8, 9, 12, 38
Marsi, 18, 53
Martianus Capella, xi–xxviii *passim*, 3, 16, 51–60 *passim*
Martin of Laon, xi, xii, xxviii
Mead, G. R. S., 52
Medusa, 18, 19, 59
Memphis, xiii, 8
Mercurius, Arcas, Cyllenius, Maiugena, Mercury, xiv, xix, xx, xxi, 5, 6, 8, 12, 13, 16, 37
Milo, 45
Minerva, Pallas, Tritonida, xiv, 13, 16, 18, 19, 36
Mitra, 8
Mopsus, 1, 51
Mullach, F., 52
Musica, 20
Mynors, R. A. B., xv, xxvi, 16, 42, 56
Mythographus I, xii
Mythographus II, xii, xxv, 1
Mythographus III, xiii

Napeae, 38, 55
Neptunus, Portunus, 38
Nilus, 4
Novembris, xxiv, 51
Nussey, D., 53

Olimpus, xiii, 7, 51
Ops, *Venus*, 54
Oratius, see Horatius
Orcus, *Pluto*, 1, 2
Orestes, 47

Index Nominum et Locorum

Orpheus, 12
Ortensius, see Hortensius
Osiris, 8

Pales, 38
Pallas, *Minerva*, 13, 18, 19, 41
Pan, 3
Panes, 3
Papius, 13
Parcae, 26
Parmenes, 53
Parmenides, 18, 53
Perseus, 18, 19
Petronius, xxi
Philologia, Phylologia, xvii, 3, 5, 6, 9, 10, 12, 13, 16, 59
Phlegeton, 2
Phlegra, 37, 58
Phoebus, *Apollo*, xxi, 8, 14
Phronesis, Fronesis, 13, 14
Pirois, *Mars*, xiii, 9
Plato, xiii, xiv, xxiii, 8, 12, 39, 42, 52, 56
Pliny, xxv, 53
Pluto, Pluton, Orcus, Vedius, Dis, xiii, xxii, xxx, 1, 2, 8
Poppaeus, 14
Porphirius, Porphyry, xvii, xxvi, 9, 52
Portunus, *Neptunus*, 38
Providentia, xxx
Prudentius, 53
Psilli, 18, 53
Pyrflegeton, Pyrphlegethon, Pyriphlegethon, xxii, 2, 9.

Rand, E. K., xi, xxii, xxiii, xxvi, 51, 52.
Regulus, 40, 55
Remigius, xi, xii, xxii, xxiii, xxvi, 5, 53
Rethorica, Rhetorica, Rhetoric, xv, xvii, 19, 20, 22, 40, 54, 56
Rhabanus Maurus, xii, xxiv, xxv, xxvii, 6, 39, 51, 55
Rheims, xi
Ridewall, xiii
Romani, 19, 21, 41, 48
Romulei, *Latini*, 19
Roscius, 42

Sagittarius, 12, 52
St Gall, 60
Saint Remi, xi
Salmoneus, xxi, 3
Samius, 13, 52

Samnium, 52
Sapientia, 5
Saturnus, Saturn, xix, xx, 9, 10, 52
Scorpio, xxiv, 6, 51
Seneca, xxi
September, xxiv, 6, 51
Serapis, Iseus, xxi, 8
Servius, xiii, xxiv, xxv, 1, 3, 7, 29, 51
Severianus, Julius, 21, 54
Sibilla, Sybilla, 1
Silk, E. T., xxvi, 54, 60
Simmachia, 1
Solinus, xxv, 37
Sosantios, xiii, 40, 55
Stenno, 18, 59
Stoici, 13
Submanes, 2

Taurus, 22
Teophrastus, Theophrastus, xxiii, 40, 55, 56
Tertullian, 52
Thales, 13, 52
Themis, 5
Theodulphus, 53
Thorndike, L., xxi
Tiberius, 48
Tonans, *Iovis*, 36, 38
Triptes, 2
Triptolemus, 9
Tritonida, *Minerva*, 18
Troia, 1
Tullius, *Cicero*, 40
Typhon, 8

Varro, xvii, 19, 20, 28, 51
Vedius, *Pluto*, 2
Venus, Cybele, Ops, xiv, xix, xx, xxi, 4, 6, 9, 51, 54
Verres, 45, 48
Vesta, 3, 13
Victor, Julius, xxvi
Victorinus, xiv, xv
Virgilius, Mantuanus, Virgil, xxv, 1, 12, 25, 51
von Erhardt, R., xxi
von Erhardt-Siebold, E., xxi

Ymen see Hymen

Zeno, 13

INDEX RERUM

accidens, accidentia, xvii, xxvii, 22, 23, 24, 26, 27, 29, 31, 33
accusatio, 33
accusator, 50
actio, 43, 47
actus, 32, 33
adverbium, 1, 7, 26
aër, 1, 2, 3, 4, 8, 51
aeternitas, 23
aether, 7
affirmatio, 19, 32
agere, 31
altercatio, 39, 41, 45
amphicirca, 4, 51
analitica, 27
angelus, 11
anima, xvii, xxvi, 2, 6, 7, 8, 11, 13, 21, 23, 27, 31, 52, 54
animal, 21, 22, 26
animus, xviii, 23, 24, 25, 27, 28, 39, 47, 52, 54
antiphrasin, *see* cata antiphrasin
aqua, 2, 4, 8
arbitrium, 17, 39
argumentatio, 36
argumentum, 19, 40, 41, 49
arithmetica, 13
ars, xiv, xv, xvii, xviii, 2, 5, 15, 17, 18, 20, 23, 26, 27, 30, 40, 41, 42, 53, 54, 56
assertio, 19
assumptio, xiv, 16, 35
astronomia, xxi
astrologia, xi, xxi
astrologus, 12
athomus, 13
auditor, xvi, 33, 42, 44, 45, 58
axis, 11

bis bina, 4

caelum, 4, 7, 9, 10, 11
casus, 30
cata antiphrasin, xiii, xxix, 26, 37
categoria, 15, 27, 31, 32, 33
causa, xv, xvi, 23, 39, 40, 41, 43, 44, 45, 47, 48, 49, 58
chaus, 7
circulus, 7, 8, 9, 10, 12
circumlocutio, 35
codices, 6
collectio, 21, 25, 33
collocutio, 15
conclusio, xiv, 16, 17, 21, 33, 34, 35, 58

confinis, 21
confirmatio, 49
coniectura, xvi, 43, 45, 46, 50
consequentia, 15
consilium, 8
constitutio, xv, 33, 50
contrarium, 29
conversio lunaris, 4
corda, 8, 10, 12
corpus, 1, 2, 3, 4, 6, 11, 21, 27, 30, 31, 43, 54
creator, 8
creatura, xxii, xxvii, 6, 24, 27
crimen, 43
cursus, 7, 9, 12, 29

dea, 2, 6, 9, 12, 38
de dictione, xvi, xvii
de eloquendo, xvii
definitio, diffinitio, 24, 25, 26, 46, 55
de iudicando, xvi, xvii
deliberatio, 44
deliberator, xvi, 44
de loquendo, xvii, xviii, 20
demonstracio, demonstratio, 7, 19, 48
demonstrator, xvi, 44
de proloquendo, xvii, xviii
de proloquiorum summa, xvii, xviii, 32
depulsio, xvi, 48, 49
deus, 1, 2, 5, 6, 8, 11, 12, 35, 38, 41, 46
dialectica, 18, 19, 21, 25, 28, 32, 36
differencia, differentia, 2, 22, 23, 24, 25, 32, 33, 34, 44
disciplina, xiv, xv, 14, 26, 27, 31, 42, 54, 56
discretio, 2, 22
dispositio, 28, 42
disputacio, disputatio, 16, 22, 24, 25, 36, divisio, 21, 22, 25, 46
doctrina, 19

elementa, 3, 8, 38
elocutio, 32, 43
eloquium, 19
estimator, 44, 49

factum, 43, 45, 46, 47, 48, 50
facundia, 42
falsitas, 15, 32
figura, 16, 29, 38
finis, xii, 16, 43, 44, 46, 49
firmamentum, 9, 10, 11, 12
forma, 16, 18, 21, 22, 23, 24, 25, 26, 28, 29, 34, 35, 39
formula, 17

genus, xvi, xvii, 15, 21, 22, 24, 25, 26, 32, 33, 35, 43, 44, 47, 49, 50, 56
gestamen, 17
gestus, 16, 39, 43
grammatica, xiv, 21

habitus, 16, 17, 28, 31, 33, 39
hemitonium, 6, 9
hipographica, 16
honestas, xvi, 44
hypallage, xiii, 10
hypotesis, hypothesis, xv, 42

ignis, 3, 7, 8, 11, 13
ignorantia, xvii, 23
illatio, 33, 34, 35
inchoamenta, 37, 41, 56
inhonestas, xvi, 44
iniusticia, xvi, 44
intellegentia, xviii, 13, 17, 23, 55
intencio, intentio, xvi, 33, 35, 43, 45, 48, 49
interiectio, 40
interrogatio, xvi, 43, 45
inutilitas, xvi, 44
inventio, xv, 42
isagoge, ysagoge, ysagogae, xix, 32, 33
iudex, xvi, 39, 43, 44, 45, 46, 48, 58
iudicium, 17, 20, 39, 42, 43, 44, 45, 47, 49
ius, 7, 16, 45, 46, 47
iusticia, xvi, 6, 29, 39, 44

laudator, xvi, 44
laus, 39, 41, 50
lex, 14, 16, 43, 44, 45, 47, 48, 50
linea, 29, 30
lingua, 19
lites, 6
litotes, xiii, 42
liturgi, lyturgi, 10, 11, 52
locus, 27, 30, 31, 33
locutio, 24, 32, 35, 37, 42
luna, 3, 4, 6, 10

magis et minus, 29, 30
medium, 21, 31
memoria, xviii, 23, 36, 43
mens, 1, 8, 9, 11, 35, 54
mensis lunaris, 26
mese, xxix, 8
modus, 30, 32
motus, 16, 30, 43
mundus, 7, 11, 13, 27
musica, 4, 8, 10

natura rerum, xviii, 30
negatio, 32, 35, 45, 46
negotium, 21, 22, 23
nomen, 15, 24, 26, 29, 32, 43, 45, 46, 53, 59

norma, xvi, xvii, 20
noscibilitas, xviii, xxvii, 30
notio, xviii, 30
numerus, xiii, 2, 30

opposita, xviii, 31
oratio, 24, 25, 30, 42
orator, 23, 44, 47, 50
orbis, xxiv, 12

pagani, xxii, xxvii, 2
pars, 15, 22, 24, 25, 29, 32, 33, 42
passio, 28, 29, 33
pater, xxii, 7, 9
pati, 31
penates, 5, 51
periermeniis, xviii, xxix, 31
perscriptio, 47
persona, 31, 32, 47
philosophia, xviii
philosophus, phylosophus, 8, 9, 11, 13, 15, 16, 18, 19, 32, 41, 51, 54
planeta, xxiv, 7, 12
plenilunium, 4
polus, 11
positio, 30, 31
praedicamenta, 31
prolocutio, 32
proloquium, 17, 31, 32, 33
pronuntiatio, 43
proprium, 23, 33
propositio, xiv, 16, 17, 35
prudentia, 47
ptongus, 3

quaestio, questio, xv, 21, 22, 32, 42, 43, 44, 45, 46, 48, 49
qualitas, xvi, 26, 27, 28, 29, 31, 33, 34, 43, 44, 45, 46, 47, 49, 56
quantitas, 27, 31, 33, 34

ratio, xiv, 7, 9, 14, 15, 16, 33
ratiocinatio, xix, 35
refutatio, 49
regula, 20, 41, 49
repugnantia, 15
rethor, rhetor, xvi, 20
rethorica, xviii, 22, 23, 25, 26, 27, 33, 35, 42
relatio, 31, 33, 43
relativum, 27, 30, 31
relatus, 37
res, 43, 45, 47
responsio, 33
reus, 50

sapientia, xxiii, 13, 26, 28, 40, 42
scientia, xiv
seculum, xxvii, 2
sensus, 21, 26, 28

sententia, 15, 32, 33, 44
sermo, 6, 8, 13, 14, 35, 36, 37, 42
sexus, 3, 21
sidus, 12, 22
signifer, 9, 12
signum, xxiv, 6, 7, 8, 32, 40
sillogismus, syllogismus, xix, 15, 34, 35, 36
similitudo, 1, 15, 21, 25, 26, 28
simplerasma, symplerasma, xix, 21, 34, 59
sinecdoche, sinecdochios, synecdoche, xiii, xxiv, xxv, 25
situs, 30, 31, 33
sol, xxiv, 4, 6, 7, 8, 9, 10, 54
sonus, 4, 9, 10
sophisma, sophysma, 15, 36
species, 20, 21, 24, 28, 33, 45
spera, 10, 11, 13
spiritus, 2, 11
status, xv, xvi, 43, 45, 46, 49, 50
stella, 10, 12
subiectum, 26, 27
substantia, xvii, 21, 22, 23, 26, 27, 28, 29, 31, 33, 55
sumptum, 28, 34

suppositio, 42
symphonia, 10

temperamentum, 9
tempus, 8, 9, 29, 31, 33
terra, 1, 3, 4, 7, 8, 9, 54
tetracordum, 7, 8
thesis, xv, 42, 56
tonus, 3, 6, 10
totum, 24, 25
translatio, 47
tropus, 25, 26
turpitudo, xvi, 44

umbra, 2
universitas, 11
usia, 21
utilitas, xvi, 44

veritas, 15, 32, 39, 45
verbum, 31, 32, 42, 53
virtus, xiv
vituperatio, 50
vultus, 16, 39

PHILOLOGICAL MONOGRAPHS

Monograph I. *The Divinity of the Roman Emperor*, by LILY ROSS TAYLOR of Bryn Mawr College. 1931. Pp. x + 296. Cloth $3.75 (to members $3).

Monograph II. NEOI, *A Study of Greek Associations*, by CLARENCE ALLEN FORBES of the University of Nebraska. 1933. Pp. ix + 75. Cloth $1 (to members 80 c.).

Monograph III. *Index Apuleianus*, by WILLIAM ABBOTT OLDFATHER, HOWARD VERNON CANTER, and BEN EDWIN PERRY of the University of Illinois. 1934. Pp. liii + 490. Cloth $6 (to members $4.80).

Monograph IV. *The Vatican Plato and Its Relations*, by LEVI ARNOLD POST of Haverford College. 1934. Pp. ix + 116. Cloth $1.75 (to members $1.25).

Monograph V. *A Critical Edition of the Germania of Tacitus*, by RODNEY POTTER ROBINSON of the University of Cincinnati. 1935. Pp. xiv + 388. Cloth $5 (to members $4).

Monograph VI. *Criminal Trials and Criminal Legislation under Tiberius*, by ROBERT SAMUEL ROGERS of Western Reserve University. 1935. Pp. ix + 216. Cloth $2.75 (to members $2.25).

Monograph VII. *Studies in the Text History of the Life and Fables of Aesop*, by BEN EDWIN PERRY of the University of Illinois. 1936. Pp. xvi + 240: Plates I–VI. Cloth $3.50 (to members $2.75).

Monograph VIII. *Scholia Platonica*, edited with preface and indices by WILLIAM CHASE GREENE of Harvard University. 1938. Pp. xlii + 569. Cloth $4 (to members $3).

Monograph IX. *Written and Unwritten Marriages in Hellenistic and Postclassical Law*, by HANS JULIUS WOLFF of the University of Panama. 1939. Pp. vi + 128. Cloth $1.50 (to members $1).

Monograph X. *Philodemus: On Methods of Inference; a Study in Ancient Empiricism*, by PHILLIP DELACY of the University of Chicago, and ESTELLE DELACY. 1941. Pp. ix + 200. Cloth $2.50 (to members $1.75).

Monograph XI. *The Local Historians of Attica*, by LIONEL PEARSON of Stanford University. 1942. Pp. xii + 167. Cloth $2.25 (to members $1.50).

Monograph XII. *Dunchad: Glossae in Martianum*, by CORA E. LUTZ, of Wilson College. 1944. Pp. xxx + 68. Cloth $1.50 (to members $1).

Orders, except from members of the American Philological Association, should be sent to LANCASTER PRESS, INC., LANCASTER, PENNSYLVANIA. (European orders may be sent to B. H. BLACKWELL, LTD., OXFORD, ENGLAND, whose terms will be furnished on request.) Members, including institutional members, must send their orders to the Secretary of the Association, at the address below; otherwise they will not receive the special rates to which they are entitled.

Membership in the American Philological Association is open to libraries and institutions as well as to individuals. Members receive the annual volume of *Transactions and Proceedings* free of charge and are entitled to special rates on all other publications of the Association. For information concerning membership apply to the Secretary: PROFESSOR L. R. SHERO, SWARTHMORE COLLEGE, SWARTHMORE, PENNSYLVANIA.